Zu diesem Buch

Wie geht die neue deutsche Republik mit ihren kritischen Köpfen um? Was geschieht ihnen, wenn sie nicht auf intellektuellen Spielwiesen verharren, sondern mitgestalten wollen, gar in die Nähe eines Amtes innerhalb des Systems staatlicher Gewaltenteilung kommen? Sie geraten ins Kampfgetümmel politischer Postenhuberei und journalistischer Zitierkartelle: Sie fallen der politischen Öffentlichkeit anheim. Und die verlangt Anpassung, nicht Abweichung. Wer sich zu weit vom Zeitgeist entfernt, wird schnell zum Sündenbock gestempelt und als «Feind» stilisiert.

Eine derart aggressive Erstarrung wirft kein gutes Bild auf die innere Verfaßtheit unserer Gesellschaft. Wir sind in keiner guten Verfassung, obwohl wir eine gute Verfassung haben. Diesem Widerspruch spürt Daniela Dahn nach: Eine Streitschrift über die real existierenden Freiheiten von Andersdenkenden und damit über den Zustand unserer Demokratie.

In einem zweiten Teil des Bandes bereitet Detlev Lücke, Chefredakteur der in Berlin erscheinenden Wochenzeitung *Freitag*, den «Fall Dahn» als dokumentarisches Lehrstück auf. Es wird gezeigt, wie sich die heftige und teils demagogisch geführte Debatte um die Kandidatur Dahns zur ehrenamtlichen Richterin am brandenburgischen Verfassungsgericht zu einer polarisierenden «Medienschlacht» entwickeln konnte, in der die Wirklichkeit von Anbeginn eine sehr untergeordnete Rolle gespielt hat.

Daniela Dahn, geboren 1949 in Berlin, Journalistikstudium in Leipzig, danach Fernsehjournalistin. Seit ihrer Kündigung 1981 arbeitet sie als freie Autorin. Gründungsmitglied des «Demokratischen Aufbruchs», Mitglied des P.E.N. seit 1991. Mehrere Gastdozenturen in den USA. Buchveröffentlichungen u. a.: «Spitzenzeit» (1983), «Prenzlauer Berg-Tour» (1987), «Wir bleiben hier oder Wem gehört der Osten» (rororo aktuell 1994), «Westwärts und nicht vergessen» (Rowohlt · Berlin 1996), «Vertreibung ins Paradies» (rororo aktuell 1998).

Detlev Lücke, geboren 1942 in Magdeburg, aufgewachsen in Berlin; Studium der Altphilologie und Kunstgeschichte; Kulturredakteur bei der Nachrichtenagentur ADN, ab 1979 Kulturkritiker beim *Sonntag*. Seit 1990 bei der Wochenzeitung *Freitag* tätig, heute als Chefredakteur.

Daniela Dahn

In guter Verfassung

Wieviel Kritik braucht
die Demokratie?

Mit einem dokumentarischen
Lehrstück
von Detlev Lücke

Rowohlt Taschenbuch Verlag

rororo aktuell
Herausgegeben von Frank Strickstrock

Originalausgabe
Veröffentlicht im Rowohlt Taschenbuch Verlag GmbH,
Reinbek bei Hamburg, September 1999
Copyright © 1999 by Rowohlt Taschenbuch Verlag GmbH,
Reinbek bei Hamburg
Alle Rechte vorbehalten
Lektorat Rüdiger Dammann
Karikaturen von Harald Kretzschmar
Umschlaggestaltung Susanne Heeder / Philipp Starke
(Foto: Proun 1a «Brücke 1», 1919, El Lissitzky)
Satz Stempel Garamond PostScript (PageOne)
Gesamtherstellung Clausen & Bosse, Leck
Printed in Germany
ISBN 3 499 22709 6

Inhalt

Es gibt verfassungspatriotische Gründe, gegen den Kapitalismus zu sein. Mal sehen, ob diese Binsenweisheit auszusprechen genügt, um gleich wieder der Häresie angeklagt und als Jeanne d'Arc des Ostens belächelt oder gebrandmarkt zu werden.

Die heilige Johanna gehörte in meinen Vorstellungen lange nach Chicago, in die Schlachthöfe und Spelunken. Eine leibhaftige Begegnung mit der richtigen hatte ich endlich – wo schon – in Paris. Alexandre, ein Luxemburger Germanist, hatte seine Pariser Studentenbude behalten, nicht zuletzt, um minderbemittelten Freunden eine gelegentliche Bleibe anbieten zu können. Sie lag an der Place des Pyramides, vornehm hoch drei, genau da, wo der Louvre in den Tuileriengarten übergeht. Rue de Rivoli – was für eine Adresse. Das Kämmerchen mit den schrägen Wänden, ganz oben unterm Dach, war allerdings nur über den Dienstbotenaufzug zu erreichen. Keine Küche, ein kleines Waschbecken mit kaltem Wasser, Toilette auf dem Gang. Aber, was für ein Luxus, statt eines Fensters eine Glastür mit einem winzigen Balkon davor.

Ganz oben unter der Regenrinne hing eine Art Gummisack, in den man Wasser füllen konnte, um dann im Schutze der Nacht unter freiem Sternenhimmel zu duschen. Ich fing das kostbare, von der Sonne vorgewärmte Naß in einer Schüssel auf, ein Fußbad mit Blick auf den angestrahlten Louvre sollte krönender Abschluß des Tages sein. Übermütig nahm ich schließlich die Schüssel, holte Schwung, zielte mit dem Wasser auf das goldene

Reiterstandbild da unten auf dem Platz, das nun fast zu meinen (gebadeten) Füßen stand, und konnte mir einbilden, getroffen zu haben. Für den nächsten Morgen nahm ich mir vor, nachzuschauen, welch edlem Ritter ich diesen nächtlichen Schreck versetzt hatte.

Es war, man ahnt es schon, Jeanne d'Arc. Blickte sie nicht noch ein wenig verstört? Nur für die Eingeweihte. Für die Ahnungslosen war die Banner schwingende Güldene zwar zierlich, aber gerade deshalb um so kühner, mutiger, zwar gerüstet, aber um so kämpferischer, unangreifbarer. Viel Ruhm, viel Glück?

Die Geschichte war doch wohl dunkler. Zeitgenössischen Berichten zufolge ist Johanna 1429, im Alter von siebzehn Jahren, inneren Stimmen folgend, aufgebrochen, um Karl VII. in seinem Kampf gegen die englischen Besatzer zu unterstützen. Nach anfänglichen Zweifeln ließ Karl sie gewähren. Als erstes befreite sie Orléans. Karl, von ihren militärischen Erfolgen beeindruckt, ließ sich überreden, unter ihrem Schutz durch besetzte Gebiete nach Reims zu ziehen und sich dort zum König von Frankreich krönen zu lassen. Mit ihrer Unbedingtheit hatte Johanna die Grundlage für die Entstehung eines französischen Nationalstaates gelegt. In mehreren Feldzügen kämpfte sie weiter siegreich für den König.

Aber der Angriff auf Paris scheiterte. Manche sagen, französische Soldaten, die ihr die Erfolge neideten, hätten ihr den Fluchtweg versperrt. Andere wollen wissen, daß sie durch Verrat des Adels, der ein Anwachsen der Volksbewegung fürchtete, in die Hände der mit den Engländern verbündeten Burgunder fiel.

Schon damals war es üblich, daß Gefangene freigekauft wurden. Johanna wäre freigelassen worden, wenn König Karl Lösegeld bezahlt hätte. Doch der zeigte keine Dankbarkeit. So wurde die Jungfrau im November 1430 der Inquisition übergeben. Überliefert ist der Satz eines Schlossers, der ausgesagt hat, er habe einen eisernen Käfig geschmiedet, zu niedrig, als daß sie darin hätte stehen können, «in dem sie aufrecht gehalten wurde, am Hals, an den Händen und an den Füßen gebunden». Vier Monate

8

später begann die Gerichtsverhandlung, ohne Verteidigung unter Ausschluß der Öffentlichkeit. Die Kirche erhob in siebzig Punkten Anklage, die von Zauberei bis zum Stehlen eines Pferdes reichten. Gelehrte und Theologen der Pariser Universität verklagten sie schließlich als Häretikerin, als Ketzerin, als Hexe. Sie sollte widerrufen. Jeanne d'Arc lehnte ab und starb in den Flammen eines Scheiterhaufens. Erst 500 Jahre später wurde sie von der katholischen Kirche nebbich heilig gesprochen.

Als die *Frankfurter Rundschau*[1] vor drei Jahren erstmals behauptet, ich würde «Jeanne d'Arc des Ostgefühls» genannt, war mir mulmig. Als die *taz* dann aber im Herbst vorigen Jahres mit einem mehrseitigen Porträt in vorauseilender Begeisterung quasi meine Heiligsprechung vollzog[2], da war mir klar, daß ich den Scheiterhaufen schnellstmöglich würde nachzuholen haben ...

[*] Irritationsspur. Beleg XIV.

Also nochmal: Es gibt verfassungspatriotische Gründe, gegen den Kapitalismus zu sein. Kapitalistisch ist für mich eine Wirtschaftsordnung, in der die privaten Eigentümer an Produktionsmitteln rechtlich privilegiert werden. Diese Bevorzugung widerspricht dem Gleichheitsgebot von Art. 3 des Grundgesetzes. Sozialistisch ist für mich eine Wirtschaftsordnung, in der die gesellschaftlichen und kollektiven Eigentümer an Produktionsmitteln rechtlich privilegiert werden, ebenfalls im Widerspruch zum Gleichheitsgebot.

Eine demokratische Marktwirtschaft wäre eine Ordnung, in der alle Schöpfer gesellschaftlichen Reichtums, also Eigentümer

---

[1] Das Gespräch, Frankfurter Rundschau 30. 9. 96, S. B12
[2] «Stimme des Ostens – Die heilige Daniela aus Ostberlin», taz 1. 11. 98, Magazin S. I bis III
[*] Verachte mir niemand die strukturierende Kraft des verbürokratisierten Nonsens!

und Nichteigentümer, Arbeitende und Arbeitslose, die gleichen Rechte haben. So etwas hat es noch nicht gegeben. Es ist vielmehr nach wie vor so, wie es Kurt Tucholsky schon 1919 auf den Punkt gebracht hat: «Politik kann man in diesem Land definieren als die Durchsetzung wirtschaftlicher Zwecke mit Hilfe der Gesetzgebung.»

So neu ist der Neoliberalismus nämlich nicht. Man kann sogar sagen, er war eine der Gründungsideen der modernen westlichen Demokratien. In einem damals aufsehenerregenden, inzwischen klassisch gewordenen Buch hat der amerikanische Historiker Charles A. Beard 1913 die amerikanische Verfassung analysiert. Er kam zu dem Schluß, daß die Verfassung der USA die persönlichen ökonomischen Interessen ihrer Schöpfer widerspiegelt. Nur eine irregeleitete Interpretation könne behaupten, «daß die Verfassung *in irgendeiner Weise demokratischen Ursprungs* sei», und übersehen, daß sie etwas anderes darstelle, *«als ein einfaches Geschäft».*[3] Von dieser Erkenntnis sagten damals viele amerikanische Intellektuelle, sie habe sie stärker beeinflußt als die Lehren Sigmund Freuds. Und das will was heißen in den USA. Oder auch nicht. Denn Freuds Entdeckungen hatten Konsequenzen, Beards letztlich nicht.

War bürgerliche Politik nicht von Anfang an die Kapitulation vor dem «Terror der Ökonomie?» Der ja nichts anderes ist als der Terror der Eigentümer? Der einsetzte mit dem Tag, den Rousseau mit den berühmt gewordenen Worten beschreibt: «Derjenige, der als erster ein Stück Erde mit einem Zaun umgab, und es als sein Eigentum bezeichnete, und Leute fand, die ihm dies glaubten, war der Begründer der bürgerlichen Ordnung. Er hat unzählige Kriege und den Tod von Millionen Menschen auf dem Gewissen. Er hat gegen elementares Menschenrecht verstoßen: Der Boden gehört niemandem, die Früchte allen.»

---

3 Charles A. Beard: An Economic Interpretation of the Constitution of the United States, 1913

Später hat Rousseau keinen Zweifel daran gelassen, wie dem abzuhelfen sei: «Die Menschenrechte müssen ergänzt werden durch einschränkende Bestimmungen über das Eigentum; sonst sind sie nur für die Reichen da, für die Schieber und Börsenwucherer.»

Nun gibt es zwar Eingriffe ins Eigentum – jede Steuer ist eine Art von Enteignung durch den Staat, jede Zins- und Subventionspolitik nimmt eine Umverteilung vor. Aber es erübrigt sich zu fragen, zu wessen Vorteil dies hierzulande geschieht.

Es ist ein allgemeiner Rechtsgrundsatz, daß demjenigen, der eine Sache herstellt, diese auch gehört.[4] Anders im Unternehmensbereich. Dem Kapitaleigner allein wird das Eigentum an den hergestellten Gütern zugebilligt. Begründet wird dies mit dem Risiko, das er dadurch eingeht, einen Teil seines Besitzes zu investieren. Aber der «Arbeitnehmer» investiert alles, was er hat, seine Arbeitskraft, und wenn es schiefgeht, riskiert er seine Existenz. Das Risiko ist vergesellschaftet, der Gewinn privatisiert.

Auch dies ist keineswegs neu. Einer der Urväter der Demokratie, Abraham Lincoln, sagte 1847 während einer Tarifdiskussion: «Die meisten schönen Dinge sind durch Arbeit entstanden, woraus von Rechts wegen folgen sollte, daß diese Dinge jenen gehören, die sie hergestellt haben. Aber es hat sich zu allen Zeiten so ergeben, daß die *einen* gearbeitet haben, und die *anderen*, ohne zu arbeiten, genossen den größten Teil der Früchte. Das ist falsch und sollte nicht fortgesetzt werden.»[5]

---

4 BGB §959 Abs. 1: «Wer durch Verarbeitung oder Umbildung eines oder mehrerer Stoffe eine neue bewegliche Sache herstellt, erwirbt das Eigentum an der neuen Sache …»

5 «Most good things are produced by labor, it follows that such things of right belongs to those whose labor has produced them. But it has happened in all ages of the world, that *some* have labored, and *others* have, without labor, enjoyed a large proportion of the fruits. This is wrong, and should not continue.» The Collected Works of Abraham Lincoln, ed. Roy P. Basler, Bd. 2. S. 498, 1953

Nun soll hier nicht das Klischee bestärkt werden, wonach Unternehmer nicht arbeiten. Gerade im Mittelstand, wo der kleine Selbständige sein eigener Manager ist, gibt es oft rund um die Uhr nichts anderes als Arbeit. Genauso klischiert aber ist die Behauptung, die Kapitalisten seien heute überhaupt nicht mehr zu personifizieren, weil das Kapital aus breitgefächerten, anonymen Aktiengesellschaften bestünde. Und die eigentliche Macht hätten die Manager. Diese haben tatsächlich weitgehende Entscheidungsbefugnisse und verdienen meist besser als der durchschnittliche Aktionär. Das ändert aber nichts daran, daß sie vollkommen abhängig sind vom Willen der Eigentümer. Und der verlangt nur eins: Gewinnmaximierung. Wenn sie diesen Willen nicht zur Zufriedenheit erfüllen – dann genügt eine Mehrheitsentscheidung, um sie zu entmachten. Mit einem Eigentümer kann man so nicht umspringen.

Und wie steht es um das Volk von Aktionären? Gerade mal sieben Prozent der Haushalte besitzen Aktien. Die gute Hälfte dieser Aktionäre sind Hobby-Börsianer, die auf die Wirtschaft keinen größeren Einfluß haben als Gelegenheitsbesucher auf die Bilanz einer Spielbank. Nein, die eigentlichen Kapitalisten werden nicht zahlreicher, sondern reicher. Weil alle steuerrechtlichen und wirtschaftspolitischen Privilegien immer wieder nur die bevorzugen, die schon etwas haben, und die benachteiligen, die von Einkommen aus eigener Arbeit leben. Je reicher einer ist, desto mehr wird er begünstigt. Dieser Anspruch ist im Kapitalismus verrechtlicht. Doch ist, was verrechtlicht ist, auch gerecht?

In den USA besitzen 0,5 Prozent der Bevölkerung 50 Prozent des Produktionskapitals, während 83 Prozent der Menschen über ganze 9 Prozent dieses Mehrwert heckenden Gutes verfügen. Aber auch in Deutschland erhalten die Kapitaleigner, trotz ihrer geringen Zahl, beinahe ein Drittel «des Bruttosozialproduktes, ohne dafür arbeiten zu müssen. Nur den Rest erhalten die mehr als 90% der Bevölkerung, die nicht von Kapitalerträgen leben können, sondern darauf angewiesen sind, sich ihren

Lebensunterhalt durch eigene Arbeit zu verdienen.»[6] Und sich dabei zu Recht glücklich schätzen, gegenüber denen, die stempeln gehen.

Flußbetterkundung. Gutachten 5.

Arbeit (Humankapital) ist ebenso eine Investition wie Geld. Dennoch ist hinlänglich bekannt: Während der «Arbeitnehmer» seinen ganzen «Gewinn», nämlich seinen Lohn, versteuert und darüber hinaus äußerst geringe Möglichkeiten der Steuerabschreibung hat, sind für den Unternehmer alle Gewinne steuerfrei, die er reinvestiert, um seine Produktionsmittel und Immobilien oder Mietshäuser zu erhalten und zu erneuern. Bei Neuinvestitionen belastet er nur etwa zur Hälfte sein eigenes Vermögen, den Rest läßt er sich vom Steuerzahler dazugeben. Bei 50 Prozent Eigenanteil hat er 100 Prozent Verfügungsrecht, 100 Prozent Stimmrecht, 100 Prozent Anspruch auf (mehr oder weniger versteuerten) Unternehmensgewinn. Man gewährt ihm darüber hinaus lukrative Abschreibungsmöglichkeiten, vom Dienstwagen bis zur Dienstreise. Der Steuerzahler bezahlt also weitgehend die Kosten, die zum Erhalt und zur Erneuerung der Besitztümer des Unternehmers anfallen. Während jeder Häuslebauer, der nicht über Produktionsmittel verfügt, die Reparatur seines Daches gefälligst selber zu finanzieren hat.

Meist wird der Anschein erweckt, die Verteilung des gesellschaftlichen Reichtums beruhe auf dem Leistungsprinzip. Aber die steuerlichen Vorteile und erst recht die Vermehrung von Vermögen durch Zinsen und Dividenden haben mit Leistung rein gar nichts zu tun. Der Eigentumsbegriff in der kapitalistischen Marktwirtschaft geht weit über den des klassischen Rechts hin-

---

6 Ekkehart Stein, Demokratisierung der Marktwirtschaft, Baden-Baden 1995, S. 50

aus, das unter Eigentum nur die rechtliche Herrschaft über *Sachen* versteht, nicht aber über Finanzvermögen. Der Anspruch auf Selbstvermehrung von Geld-Vermögen hat keinerlei ethische Grundlage. Dem ist seit dem biblischen Zinsverbot nicht zu widersprechen. Das sakrosankte Eigentumsrecht müßte auf das Recht auf *erarbeitetes Eigentum* reduziert werden. Andernfalls macht sich der Staat zum Erfüllungsgehilfen der strukturellen Gewalt, die sich gegen die Armen richtet.

An diesem Punkt hört man meist die Legende, der Reichtum der Reichen sei nötig, um die Wirtschaft anzukurbeln. In Wirklichkeit ist es umgekehrt: Das Überfluß-Geld geht in den spekulierenden, noch mehr Gewinne versprechenden Finanzmarkt und wird somit der Wirtschaft entzogen, die Schere zwischen wachsenden Vermögen und sinkenden Einkommen führt zu schweren Störungen der Marktsteuerung, die die Güterproduktion am Bedarf der Minderbetuchten vorbeilenkt. (Das offensichtliche Beispiel: Der Bau preiswerter Wohnungen verspricht weniger Profit als der von Luxuswohnungen, selbst wenn davon Zigtausende leerstehen und die Nachfrage nach bezahlbarem Wohnraum das Angebot um das Zehnfache übersteigt.) Wirtschaftswissenschaftler sind sich auch zunehmend einig, daß die ungleiche Verteilung der Kaufkraft mitverantwortlich ist für die weltweite Massenarbeitslosigkeit. «Eine Beseitigung dieser Privilegierung des Kapitals ist daher nicht nur aus verfassungsrechtlichen, sondern auch aus wirtschaftlichen Gründen dringend geboten.»[7]

Eine neue, demokratische Wirtschaftsordnung wäre für die Mehrheit wünschenswert. Es kann als sicher vorausgesetzt werden, daß die Kapitalisten nicht davon ablassen, sich gegen die Entziehung ihrer Privilegien zu wehren. Denn mit Eigentum ist demokratisch nicht legitimierte Macht verbunden. Und diese ist auch noch rechtlich abgesichert, so daß jedem Versuch, hieran

---

7 ebenda S. 95

etwas zu verändern, nicht nur die wirtschaftliche Macht des Kapitals entgegensteht, sondern die gesamte Staatsmacht. In diesem Teufelskreis ist die Unfreiheit der Eigentumslosen begründet.

Verwerfung. Zusatzprotokoll 2 + 6.

Auf die Unfreiheit wird noch zurückzukommen sein. Zuvor aber will ich andere Schlagworte aufnehmen, die mir jüngst als Verdikt über Verfassungstreue um die Ohren gehauen wurden. Dieses spontane Aufgreifen taugt nicht zu systematischer Analyse, sondern bekennt sich zu ungefiltertem Gedankenstrom. Das Unverständnis in manch aufgezwungener Debatte weckt dabei eine Lust zur Parodie, die ich ersatzweise auf die Überschriften beschränke. All das bleibt innerhalb der Spielregeln:

Gelegentlich dürfen sich kritische Paradiesvögel äußern, möglichst sogar extrem überzogen. George Soros: «Der heftige Marktfundamentalismus ist eine wesentlich größere Bedrohung für die offene Gesellschaft als jede totalitäre Ideologie.»[8] Doch der Mainstream achtet streng darauf, solchen Leuten letztlich ein Narrenimage zu verpassen.

Der Mainstream ist die Summe der öffentlichen Äußerungen, die aufmüpfig genug sind, um den Anschein von Meinungsfreiheit zu erwecken, und brav genug, um die sich daraus ergebenden, erforderlichen Veränderungen verläßlich zu verhindern. Diese Summe pendelt sich auf wundersame Weise immer wieder wie von selbst ein. Doch manche Wunder haben eine profane Erklärung: Journalisten sind am Mainstream persönlich materiell interessiert. Bei einer alternativen Zeitschrift verdient man ein Fünftel dessen, was eine etablierte dank ihrer Anzeigenkun-

---

8 George Soros: Die Krise des globalen Kapitalismus. Offene Gesellschaft in Gefahr. Berlin 1998

den abwirft. Es gehört einiger Idealismus dazu, als jemand, der schreiben kann, sein Fell *nicht* der Gewinnmaximierung zu opfern.

So erklärt sich, daß die letztlich konformen Zeitungen nicht nur mehr Hochglanzpapier und mehr Korrespondentenbüros haben, mehr Marketing und mehr Designer, sondern auch mehr gute Schreiber und Fotografen. Und damit mehr Leser. Allein die Mengenverhältnisse der konsumierten Meinung versprechen den Sieg konservativer Selbstgerechtigkeit. Ein Umdenken könnte allenfalls bei stetig wiederholter Aufdeckung der verhängnisvollen Mechanismen einsetzen. Aber davon kann keine Rede sein. Keine der etablierten Parteien, keines der etablierten Medien stellen ernsthaft und anhaltend Machtfragen. Auf die zu erwartenden Konflikte im Verteilungskampf wird nicht vorbereitet.

Die Journalisten sind auf vielfältigste Weise den anderen Privilegierten der politischen Klasse verbunden. Mein Presseausweis z. B. ermöglicht mir lohnenden Rabatt beim Kauf von Autos, Computern und Handys und öffnet oft kostenlos die Türen von Theatern und Museen. Die meisten Journalisten sind schlau genug, die Freiheit der Meinung als Freiheit zur Bewahrung ihrer Vorrechte zu nutzen. Pressefreiheit kann zwar einzelnen Machthabern, nicht aber den privilegierenden Machtstrukturen des kapitalistischen Systems gefährlich werden. Was nutzt ein Pluralismus, der nie zu einer einschneidenden Richtungsänderung führt?

Habe ich etwa etwas gegen Meinungsfreiheit? O nein, ich bin gerade dabei, sie zu praktizieren. Ich habe allerdings etwas gegen die Behauptung, die Medien und ihre Macher seien frei. Natürlich gibt es keine plumpe Gleichschaltung nach DDR-Manie. Abweichung wird durch permanenten Widerspruch in sich viel besser paralysiert. Aber die Versuche der Kanzler Brandt und Schmidt, ein Presserahmengesetz zu erlassen, das den Mißbrauch verlegerischer Macht einschränkt, sind seinerzeit gescheitert. Das Versprechen von innerredaktioneller Pressefreiheit blieb uneingelöst. Warum müssen Medien eigentlich in privater Hand sein? Die Forderung: «Enteignet Springer» ist über dreißig Jahre alt.

Derartige Fragen sind anrüchig und verdächtig. Systemkritik führt unverändert geradewegs zu dem Vorwurf der mangelnden Verfassungstreue. Die politische Klasse tabuisiert, daß die Verfassung aber längst nicht das ganze System legitimiert. Das heutige westliche System setzt sich zusammen aus der Gesellschaftsordnung, also Demokratie und Rechtsstaat, und der Wirtschaftsordnung, also Privatkapital privilegierende Marktwirtschaft – auch Kapitalismus genannt. Ich kenne keinen ernstzunehmenden Menschen, der Demokratie und Rechtsstaatlichkeit abschaffen will. Dagegen kenne ich nicht wenige ernstzunehmende Leute, die sich Demokratie und Rechtsstaat durchaus ohne Kapitalismus vorstellen können. Und mit dieser Vorstellung sind sie wiederum durchaus in Übereinstimmung mit den Schöpfern des Grundgesetzes, die sich in weiser Voraussicht zur Wirtschaftsordnung gar nicht geäußert haben. Daß die Bundesrepublik ein «demokratischer und sozialer Bundesstaat» sei, ist laut Art. 20 schon die weitestgehende Formulierung.

Dagegen werden die von Rousseau geforderten «einschränkenden Bestimmungen über das Eigentum» zum gefälligen Gebrauch angeboten. Art. 14 ermöglicht, daß *Schranken* bei der Gewährleistung von Eigentum und Erbrecht durch Gesetz bestimmt werden können. Die Eigentümer werden verpflichtet, ihr Eigentum nicht nur für sich, sondern *zugleich* zum Wohle der Allgemeinheit zu verwenden. Enteignungen sind zulässig. Die Entschädigungshöhe darf den Interessen der Allgemeinheit nicht widersprechen. 1985 forderte die IG Metall vergeblich die Verstaatlichung der Stahlindustrie. Wann wäre von Art. 15, der den Titel «Sozialisierung» trägt, schon Gebrauch gemacht worden? Grund und Boden, Naturschätze und Produktionsmittel können zum Zwecke der Vergesellschaftung in Gemeineigentum überführt werden.

Diese beiden Artikel sind im wahrsten Wortsinn Gold wert.

Bei einer (vorerst wohl nicht zu erwartenden) neuen Verfassungsdiskussion müssen sie, neben vielen anderen, wie ein Augapfel gehütet werden. Denn das Grundgesetz ist für eine demokratische Marktwirtschaft, die von manchen Sozialdemokraten und Sozialisten immer noch *Demokratischer Sozialismus* genannt wird, bestens geeignet.

Welche Art von gemischtem Eigentum dann die sinnvollste sein wird, kann ich nicht beurteilen. Theoretiker, Ökonomen streiten darüber. Könnte eine breite Streuung von Miteigentum an den Produktionsmitteln die Lösung sein? Ein Volk von Kleinaktionären? Ein wesentlicher Teil der Gewerkschaften bestreitet dies. Jeder Aktionär, ob klein oder groß, hat Motive, die volkswirtschaftlich nicht vernünftig sind. Solange die Wirtschaftssteuerung ausschließlich auf Gewinnmaximierung ausgerichtet ist, richten sich auch die Interessen der Kleinaktionäre gegen die öffentlichen Bedürfnisse, wie Umweltschutz, Ausbildung, Gesundheit und Kultur. Eine Proletarisierung der Aktionäre ist keine Gewähr dafür, daß die Gesamtheit der Interessen des Volkes berücksichtigt wird. Sozialdemokraten sahen die Lösung lange in der stärkeren Verfügungsgewalt des Staates über das Privateigentum, bei Sozialisten höre ich neuerdings Konzeptionen für stärkere private Verfügungsgewalt über Gemeineigentum (Nutzungsverträge). Was immer sich als richtig erweisen wird – man muß anfangen, öffentlich darüber zu streiten. Doch wer wird es unter den beschriebenen Bedingungen wagen? Unser Kanzler und Tony Blair wohl kaum.

Es gibt bekanntlich vage Hoffnung aus zwei Richtungen. Der massenhafte Leidensdruck von unten entlädt sich in einer neuen, außerparlamentarischen Opposition. «Der Anstoß hierzu kann nur von denjenigen erwartet werden, die unter den gegenwärtigen Mißständen am stärksten zu leiden haben. Das sind in den Industriestaaten mit ihrer ‹Zwei-Drittel-Gesellschaft› all diejenigen, die zum vergessenen Drittel der Gesellschaft gehören. Viele von ihnen sind allerdings *psychisch so gebrochen*, daß zu zweifeln ist, ob sie sich noch aufraffen können, ihre Resignation zu überwinden und sich mit Nachdruck für die erforderlichen Reformen einzusetzen.»[9]

Ich hoffe, hier sieht Ekkehart Stein zu schwarz. Angesichts der Wucht der Probleme, die auf uns zukommen, vermute ich eher: Wenn das 20. Jahrhundert auch das Jahrhundert der Arbeiterbewegung war, so wird das 21. Jahrhundert auch das Jahrhundert der Arbeitslosenbewegung werden.

Die zweite vage Hoffnung bezieht sich auf den Selbsterhaltungswillen der politischen Klasse. Wenn die sozialen und ökologischen Belastungen für die Mehrheit der Bevölkerung die Grenze des Zumutbaren überschreiten, so daß ein Zusammenbrechen der Wirtschaft und damit der eigenen Privilegien droht, wird es zu einem Einlenken kommen.

Gebraucht wird Druck von unten und Einsicht von oben. Einer, der für beides steht, ist Ministerpräsident Reinhard Höppner, dem trotz seiner Position die Perspektive der Macht immer noch fremd ist, der sich seinen *Blick von unten* bewahrt hat und entsprechend gescholten wird. Auf einer Tagung in Tutzing im März dieses Jahres sagte er: «Wenn zwei Unternehmen Konkurrenten im Wettbewerb sind und einer in Konkurs geht, hat der andere damit noch lange keine Überlebensgarantie. Es könnte ja sein, daß die ganze Branche zusammenbricht. Was besser ist, muß noch lange nicht gut sein. Offenbar aber fällt es einem Sieger schwer, die Grundlagen seines Sieges in Frage zu stellen. Der Besiegte dagegen hat es inzwischen gelernt, sich in Frage zu stellen. Das darf er, das wird ihm erlaubt. Aber darf er auch die Methoden des Siegers hinterfragen? Wer es tut, hört schnell den Vorwurf, nicht auf dem Boden des Grundgesetzes zu stehen.»[10]

---

9 Ekkehart Stein, ebenda S. 174
10 Reinhard Höppner: 50 Jahre deutsch-deutsche Geschichte – Versuch einer Bilanz, Vortrag in der Evangelischen Akademie Tutzing am 12. 3. 99

Geheime Beschußsache. Vorgang IA.

Politiker müssen auf die Einhaltung der Verfassung einen Eid schwören, weil ihnen die Macht übertragen wird, die Verfassung unter Umständen zu brechen. Darauf wird noch zurückzukommen sein. Was aber müßte ein einfacher Bürger anstellen, um «nicht auf dem Boden des Grundgesetzes zu stehen»? Selbst ein Krimineller wird nicht Verfassungsfeind genannt, wenn der Schuldige für seine Verurteilung nur die in Art. 92 definierte rechtssprechende Gewalt anerkennt. Wenn Verstöße wegen Volksverhetzung verurteilt werden, wird das Strafgesetz bemüht, nicht die Verfassung. Welche Art Feind also muß man sein, um Feind der Verfassung genannt werden zu dürfen?

Ist Verfassungsuntreue etwa ein Straftatbestand? Schließlich muß alles erlaubt sein, was gesetzlich nicht verboten ist. Oder gibt es Grauzonen, die vom Recht nicht abgedeckt sind und daher geschützt werden müssen durch Gelöbnisse und Bekenntnisse zur Verfassung, wie sie Beamten und demnächst Asylsuchenden abgefordert werden? Ein Gelöbnis ist kein Eid, im Ernstfall kann sich kein Richter darauf berufen. Also, was soll der Unfug? Ist das Beamtenrecht eine staatliche Garantie für Privilegien, um den Preis des Verzichtes auf Opposition?

Der Vorzug des Rechtsstaates besteht gerade darin, daß man ihn schonungslos kritisieren darf. Kritik an Gesetzen, an Rechtsprechung und am Zustand der Demokratie sind von der Verfassung nicht nur gedeckt, sondern geschützt, ja erwünscht. Es genügt auch nicht, in entschiedener Opposition zum System zu stehen, um sich Verfassungsfeind schimpfen lassen zu müssen. Denn Opposition ist die Seele der Demokratie. Ein Journalist wollte wissen, ich stünde in *Fundamentalopposition* zum System. Das hat mich sehr belustigt. Habe ich an den Fundamenten gerüttelt? Schade, daß ich davon gar nichts gemerkt habe. Wüßte ich doch nur zu gern, wie das geht!

Art. 18 besagt, daß derjenige den Anspruch auf Grundrechte verwirkt, der die freie Meinungsäußerung «zum Kampfe gegen die freiheitlich demokratische Grundordnung mißbraucht». Ist irgendwo definiert, an welchem Punkt *Kritik* in *Kampf* übergeht? Für die Feststellung der Verfassungswidrigkeit einer Partei ist laut Grundgesetz allein das Bundesverfassungsgericht zuständig. Weder der Begriff *verfassungsfeindlich* noch die Idee, diese Eigenschaft könnte einzelnen Personen zugeschrieben werden, kommt im Grundgesetz vor. In der Praxis aber betreibt der Verfassungsschutz, geschützt durch seinen edlen Namen und assistiert von einzelnen Politikern und Journalisten, Denkprüfung, Zitatklauberei, Gesinnungskontrolle. Empfindlich reagiert wird auf beinahe jede Kritik an der Macht, insbesondere aber auf alles, was den Parlamentarismus betrifft.

Der Grundgedanke der Demokratie besteht darin, daß Mehrheiten bestimmen, wo es langgeht. Das ist ein Ideal, von dem die meisten Demokratien vorerst weit entfernt sind, fast überall bestimmen Minderheiten. Was aber, wenn Mehrheiten aus Frust darüber ein undemokratisches Programm wählen, also die Demokratie abschaffen wollen, wie am Ende der Weimarer Republik? Den Willen der Mehrheit nicht zu respektieren widerspricht der Demokratie, ihn zu respektieren in diesem Falle aber auch. Die Frage ist zum Glück hypothetisch, nichtsdestotrotz – soweit ich sehe – unbeantwortet. Der einzige Schutz: die Demokratie so attraktiv wie möglich zu machen.

Um dies zu erreichen, ist darüber nachzudenken, wie die ursprüngliche Idee wenigstens ansatzweise verwirklicht werden kann: Parlamentarier haben die Meinung ihrer Wählergruppe im Parlament zu vertreten und nicht ihre Karriere. (*Minister* kommt aus dem Lateinischen und heißt *Diener*.) Als in den Vereinigten Staaten in der Zeit um 1790 die ersten Repräsentativverfassungen eingesetzt wurden, kamen auf einen Kongreßabgeordneten schätzungsweise 5000 Konstituenten. Unter diesen Bedingungen konnten die Autoren der amerikanischen Verfassung davon ausgehen, daß das garantierte Petitionsrecht, kombiniert mit Versammlungs- und Meinungsfreiheit ausreicht, um lebendige Demokratie zu gewährleisten. Das erwartete Bevölkerungswachstum glaubte man durch entsprechend mehr Abgeordnete ausgleichen zu können. Als die Sitzzahl von 435 erreicht war, beschloß man, nicht darüber hinauszugehen, weil eine größere Versammlung nicht mehr arbeitsfähig wäre. Heute soll ein Kongreßabgeordneter 450 000 Wähler vertreten.

Ein Bundestagsabgeordneter hat die ebenso unlösbare Aufgabe, 120 000 mitspracheberechtigten Bürgern gerecht zu werden. Deshalb wäre dringend über vorparlamentarische Meinungsbildung nachzudenken. In einzelnen Ländern der USA haben sich, zumindest für kommunale Entscheidungen, untergliederte Plenarversammlungen der Bürger bewährt, bei denen kleine Gruppen ihre Ansichten und Beschlüsse an aus Delegierten bestehende Versammlungen weitergeben und so fort bis nach «ganz oben». Das Zeitalter des Internet gebietet auch darüber nachzudenken, wie sich die Bürger in Entscheidungsfindungen einbeziehen lassen, und zwar nicht nur, wenn es um die örtliche Badeanstalt geht. Die Demokratie darf angesichts einer sich revolutionierenden Wirklichkeit nicht statisch bleiben – sonst wird sie lebensfremd.

Nach den Erfahrungen dieses Jahrhunderts verdient das Motiv, die freiheitlich demokratische Grundordnung schützen zu wollen, uneingeschränkte Anerkennung. Wohlgemerkt: die freiheitlich demokratische Grundordnung ist Demokratie und Rechtsstaat, nicht Kapital-Oligarchie. Die Demagogie besteht darin, denjenigen, die die Wirtschaftsordnung kritisieren, zu unterstellen, sie würden das ganze System ablehnen, und diejenigen, die die Demokratie in Gefahr sehen, als gefährlich hinzustellen.

Ein alter Streit. Immer noch aktuell ist die Kontroverse, die im Vorfeld des Radikalenerlasses 1972 stattfand. Der damalige Arbeitgeberchef Otto Friedrich vertrat die Ansicht, die freiheitlich demokratische Grundordnung sei das Bestehende, das es zu verteidigen gelte. Eugen Loderer von der IG-Metall hielt ihm entgegen, die freiheitlich demokratische Grundordnung sei ein Auftrag, den es zu erfüllen gelte. Er dachte dabei an mehr Mitbestimmung in Betrieb und Gesellschaft. Der Flick-Manager dachte an den Kapitalismus, der bleiben sollte, wie er war. Drei Jahre später veröffentlichte Peter Schneider im Rotbuch Verlag sein Manuskript: «... schon bist du ein Verfassungsfeind. Das unerwartete Anschwellen der Personalakte des Lehrers Kleff».

Als Kämpfer gegen die FdGO würde *ich* jemanden bezeichnen, der zur Abschaffung freier Wahlen aufruft, zur Abschaffung der freien Meinungsäußerung, der (ja, doch) Pressefreiheit, der Versammlungsfreiheit, des Brief-, Post- und Fernmeldegeheimnisses, zur Verletzlichkeit der Wohnung, zur Enteignung von Eigentum über das vom Grundgesetz eingeräumte Maß hinaus, zur Abschaffung des Rechtes auf Leben in Frieden.

Hat es in der Geschichte der Bundesrepublik je einen Bürger gegeben, der auch nur einen solchen Unfug verlangt hätte?

Warum übrigens in Deutschland die Demokratie als gefährdet angesehen wird, wenn Kommunisten zum Staatsdienst zugelassen werden, in Westeuropa dagegen, wenn sie *nicht* zugelassen werden, konnte auch noch niemand erklären. Oder doch, der Europäische Gerichtshof: indem er ein nach dem Radikalenerlaß ergangenes Berufsverbotsurteil für verfassungswidrig erklärte. Der Beschuldigten war kein Verstoß gegen einen konkreten Verfassungsartikel nachzuweisen. So wie den übrigen Zehntausend, die nach dem Radikalenerlaß verurteilt wurden, auch nicht.

In Rechtsstaaten wie Großbritannien und Neuseeland, die gar keine geschriebene Verfassung haben, gibt es natürlich auch keine Verfassungsfeinde. In den USA ist dieser Begriff ebenfalls unbekannt, weil die dortige Verfassung, trotz ökonomischem Lobbyismus, ein so großer Wurf ist, daß niemand auf die Idee käme, sie nicht zu verehren. Der Streit beginnt bei der Auslegung, bei der Interpretation der Verfassungs*wirklichkeit*.

Und bei uns? Natürlich ist es auch nicht verboten vorzuschlagen, die Verfassung zu ändern. Man muß nur Mehrheiten davon überzeugen können. Ich kann mich zwar nicht erinnern, daß einer Bürgerinitiative so etwas je geglückt wäre (mal von der Wende-DDR abgesehen).

Eben ist in Berlin ein (auch von mir unterstützter) «Aufruf für mehr Demokratie» gescheitert. Zum 50. Geburtstag des Grundgesetzes haben tausende Bürger, unter ihnen unsere Justizministerin, einen Volksentscheid über die Einführung des bundesweiten Volksentscheides gefordert: «Die demokratische Mitsprache der Bürgerinnen und Bürger weiter darauf zu beschränken, daß sie alle vier oder gar fünf Jahre ihre Stimme ‹abgeben› dürfen, heißt, sie in Unmündigkeit zu halten.» 70 Prozent der Bürger sind dieser Meinung. In einer von Politikverdrossenheit gekennzeichneten Zeit, in der weniger als die Hälfte der Berechtigten zur (Europa-)Wahl gehen, leistet sich das Berliner Verfassungsgericht dennoch die obrigkeitsstaatliche Auffassung, eine von Bürgern initiierte Veränderung der Verfassung sei nicht vorgesehen. Das heißt, der Staat verzichtet dankend auf Bekundungen der Bevölkerung, in welchem Sinne sie regiert werden will. Die Wähler dürfen Abgeordneten zu Macht und Diäten verhelfen, sollen sie dann aber nicht weiter belästigen.

Daß Verfassungsänderungen letztlich nur von Parlamenten beschlossen werden können, ist unbestritten. Das verbietet den Repräsentanten aber nicht, die von ihnen Repräsentierten vorher anzuhören.

Das Grundgesetz braucht mehr Änderungen als die meisten anderen Verfassungen in Demokratien. Nicht weil es schlechter ist, sondern weil es auf deutsche Art so gründlich ist. Während sich die meisten Verfassungen auf Staatsziele und die Garantie der Grundrechte beschränken, gibt es im GG keinen staatstragenden Atemzug, der nicht geregelt wäre. Vieles davon geht über das Fassungsvermögen von Normalbürgern wie mir hinaus: Art. 28 Abs. 2, S. 3: «Die Gewährleistung der Selbstverwaltung umfaßt auch die Grundlagen der finanziellen Eigenverwaltung; zu diesen Grundlagen gehört eine den Gemeinden mit Hebesatzrecht zustehende wirtschaftskraftbezogene Steuerquelle.»

Das wird schon seine Ordnung haben, auch wenn ich nicht sicher bin, ob es in allen östlichen Gemeinden überhaupt noch eine eigene «wirtschaftskraftbezogene Steuerquelle» gibt. Jedenfalls muß man da, wo man konkreter wird, die Details der gesellschaftlichen Entwicklung natürlich öfter anpassen. Auch unter diesem Gesichtspunkt hat der Begriff der Verfassungs*treue* einen merkwürdigen Beiklang. So haben die Bundestagsabgeordneten in 50 Jahren schon 46mal die *Treue* gebrochen und das Grundgesetz geändert, während die Verfassung der USA in 200 Jahren nur 20 Anpassungen erfuhr.

Die Grundgesetz-Änderungen waren übrigens leider «meist zum Schaden der Grundrechte. Die Wehrverfassung und die Notstandsverfassung haben die Freiheitsrechte hart beschnitten. Die Asylneuregelung (Art. 16aGG) und die Ermächtigung zum großen Lauschangriff (Art. 13GG) haben der staatlichen Gewalt Rechte eingeräumt, die nur zu leicht mißbraucht werden können.» [11] Wie wäre es denn, in diesem Zusammenhang einmal von *Verfassungsfeinden* zu sprechen?

Parlamentarier und Juristen sind die einzigen, die die Macht haben, die Verfassung zu brechen und zu beschneiden. Und dies tun sie auch. Und nur ein paar hergelaufene Intellektuelle wagen es, den Vorgang beim Namen zu nennen. Günter Grass: «Zwar haben und bezahlen wir eine Behörde – oder nennen wir es ein Organ –, die sich Bundesverfassungsschutz nennt, doch wie soll dieser Apparat schützend wirksam werden, wenn die Verfassungsfeinde nicht etwa im Verborgenen wühlen, sondern als Parlamentarier im Bundestag sitzen und mit satter Mehrheit ein Abbruchunternehmen betreiben, das mit Fleiß jenes schöne Gebäude ruiniert, auf das viele Bürger, so auch ich, jahrzehntelang als Verfassungspatrioten stolz gewesen sind?» [12]

Wenn einerseits Parlamentarier Grundrechte einschränken und andererseits das ehrenwerte Motiv, die Demokratie bewahren zu wollen, zum Grundgesetz-Fetischismus verkommt, der

11 Grundrechte-Report 1999, Zur Lage der Bürger- und Menschenrechte in Deutschland. Reinbek 1999, S. 12.
12 Fragen zur deutschen Einheit, Reinhard Höppner im Gespräch mit Günter Grass, Halle 1998, S. 196

die Verfassung als Synonym für den Status quo mißbraucht und Weiterdenkende einschüchtert, dann ist Gegenwehr geboten.

Eine Verfassung enthält Grundrechte, die den einzelnen gegenüber dem Staat schützen. Dagegen kann kein einzelner etwas haben. Aber der Staat dreht den Spieß gern um, indem er so tut, als sei die von ihm geschaffene Verfassungswirklichkeit die Verfassung selbst, die wiederum vor den Bürgern zu schützen wäre. Der Begriff des Verfassungsfeindes ist nichts als eine ideologische Disziplinierungskeule. Die Diskussion um Verfassungstreue ist eine Phantomdiskussion, die vergessen machen soll, daß Machtfragen zu stellen nicht verboten ist.

Seitengalerie. Plattform X3X.

Nicht nur die Kommunikation zwischen Bürgern und Politikern ist gestört, sondern auch die zwischen Intellektuellen und Politikern. Zwischen Basis und Macht und Macht und Geist. Ist das denn je anders gewesen? In der DDR sowieso nicht und zu Zeiten von Erhards «Pinschern» und Strauß' «Ratten und Schmeißfliegen» wohl auch nicht. Vielleicht ein wenig in Umbruchzeiten wie 1968, dann während der «neuen Ostpolitik», dann 1989. Dann kam wieder die alte Ostpolitik. Und wer sie nicht als neue Errungenschaft pries, bekam es zu spüren.

Nach den hysterischen Reaktionen auf die Paulskirchenrede von Günter Grass sagte die damalige stellvertretende SPD-Vorsitzende Herta Däubler-Gmelin zu Recht, es habe sich wieder einmal gezeigt, «daß diejenigen, die in Bonn die Musik angeben, im Grunde genommen Intellektuelle und Dichter verachten». Die Mächtigen der Politik wiesen ihrer Meinung nach den Intellektuellen eine rein schmückende Rolle für PR-Empfänge und Gala-Diners zu. Inzwischen haben wir Rot-Grün, aber nicht mehr Anerkennung, sondern weniger Gala-Diners.

Vielleicht muß das so sein. Große Literatur ist immer eine Zumutung. Geist und Macht können nur getrennt existieren.

Zumindest hat dieses konfrontative Dasein in Deutschland Tradition. Schriftsteller, die eine Gastrolle in der Politik gegeben haben, riskieren, danach an der himmlischen Pforte des Literaturbetriebes zurückgewiesen zu werden. Denn so was schickt sich nicht für Leute, die zu Besserem berufen sind.

In anderen Kulturen hat man zu dichtenden Politikern durchaus ein respektvolles Verhältnis: Der einstige Ministerpräsident Léopold Senghor aus Senegal war ein international anerkannter Lyriker. Neruda und Asturias vertraten ihre Staaten als Botschafter, Mario Vargas Llosa kandidierte für die Präsidentschaft. Der spanische Schriftsteller Salvador de Madariaga war Außenminister, bis Franco kam. Als Franco ging, war Jorge Semprún Kulturminister. In Frankreich verdingten sich nach dem Krieg schon mehrere Schriftsteller als Kulturminister: Edmond Michelet, André Malraux, Maurice Druon. Václav Havel ist Präsident. Aitmatow erfreut sich seines Botschafterpostens in Brüssel. Die Lyrikerin Blaga Dimitrova schlägt sich tapfer als Vizepräsidentin Bulgariens. Ibrahim Rugova amtiert immer noch als der tragische Präsident des Kosovo.

Ich will ja nicht sagen, Dichter sind bessere Politiker, nur daß sie es überhaupt sind – andernorts. In Deutschland war mit Geist offenbar kein Staat zu machen. Nach dem Geheimen Rat und Staatsminister Goethe war eigentlich Schluß. Ein bißchen Hofrat Mörike noch, ein bißchen Oberamtsrichter Storm, ein bißchen Forster als Abgesandter des Nationalkonvents, ein bißchen Kammergerichtsrat E. T. A. Hoffmann. Die Kaiserzeit schickte nur den apologetischen Dramatiker Ernst von Wildenbruch als Beamten ins Auswärtige Amt. Und selbst in den goldenen Zwanzigern durften die Künstler nur jenseits von Ämtern alles. Das 3. Reich war nicht nur intellektuellenfeindlich, sondern intellektuellentödlich.

Die DDR startet gar nicht so schlecht: J. R. Becher wird Kulturminister, Erich Weinert Vizepräsident der Zentralverwaltung für Volksbildung, F. C. Weiskopf geht als Botschafter nach Peking, Eduard Claudius wird erst als Generalkonsul nach Syrien

geschickt, dann als Botschafter nach Vietnam. Daß Otto Got-
sche so etwas wie Ulbrichts Sekretär war, spricht für keinen von
beiden. Endlich dann eine Frau: Christa Wolf wird Kandidatin
des ZK der SED. Sehr kurz. Dann wird kein Autor mehr was.

Und in der Bundesrepublik? Wahrscheinlich kenne ich sie zu
wenig, so daß mir nur die zwei Legislaturperioden von Dieter
Lattmann als SPD-Bundestagsabgeordneter einfallen. Sein Fazit
klang auch nicht gerade so, daß es dringend geboten schien,
Leute der schreibenden Zunft weiterhin hinter die Kulissen
schauen zu lassen. Er beklagte das «Ausmaß der Fremdbestim-
mung vieler im Bundestag Handelnder durch außerparlamenta-
rische Kräfte in Wirtschaft und Berufsorganisation» [13] und kam
zu dem Schluß, es könne sich «bei der Bundesrepublik schwer-
lich um eine Demokratie handeln. Jedenfalls nicht um die, welche das Grundgesetz meint.»

Um mich blickend ist mir, als hätte ich nie anderes gehört.
Heiner Müller: «Demokratie gibt es ja gar nicht. Das ist auch
eine Fiktion. Es ist nach wie vor eine Oligarchie, und anders hat
die Demokratie noch gar nicht funktioniert. Es sind wenige, die
auf Kosten von vielen leben ... Ich kann da nicht in Jubel ausbre-
chen über Freiheit und Demokratie.» [14]

Irgendwann haben die Schriftsteller aufgehört, für Wahlämter
zu kandidieren, sich davor bewahrend, Nichtlesern ausgesetzt
zu sein, die sich von der Rolle der Intellektuellen, nämlich in
Frage zu stellen, automatisch provoziert fühlen.

Ausnahmen kommen eben bestenfalls in Aufbruchzeiten vor.
Die kleine PDS hat in der kurzen Zeit ihres Daseins schon mehr
Künstler in Parlamente gebracht als alle großen Parteien zusam-
men: Stefan Heym, Gerhard Zwerenz und die sorbische Autorin
Angela Stachova waren im Bundestag, Helga Königsdorf hatte
kandidiert. In den Landtagen sitzen Leute anderer Branchen:

13 Dieter Lattmann, Deutsch-deutsche Brennpunkte, Ein Schriftsteller in
der Politik, Berlin 1990, S. 20
14 Heiner Müller, Krieg ohne Schlacht, 1994 Köln, S. 492.

Theater, Malerei, Architektur. Wenn es der PDS gelingen würde, an die frühe DDR-Tradition anknüpfend, auch künftig mehr kritische, unabhängige Geister für öffentliche Ämter zu interessieren und durchzubekommen, wäre vielleicht ein kleiner Durchbruch geschafft.

Triumvirat. Abweisung CL12.

Wie sehr solche Geister mit Diffamierungen rechnen müssen, hat nicht nur Stefan Heym erlebt. Bei ihm kamen drei Diskriminierungsgründe zusammen: Ostdeutscher, Intellektueller, von der PDS vorgeschlagen. (Daß es einen vierten Grund gegeben haben könnte, will ich nicht glauben.)

Den meisten Amtsinhabern macht allein der erste Grund schon genügend zu schaffen. Auf allen Ostdeutschen, die einen Posten abbekommen, liegt ein erhöhter Anpassungsdruck. Eine zusätzliche Bürde – die Beweislast, keine Altlast zu sein. Niemand soll mir weismachen, die östlichen Wende- und Nachwendeeliten hätten nicht ihren Anteil am Dilemma. Wer einmal ist im Parlament, gehört schon zum Establishment. Es war die Mehrheit der freigewählten Volkskammer, die den Verfassungsentwurf des Runden Tisches abgelehnt und dem Prinzip «Rückgabe vor Entschädigung» zugestimmt hat. So manche der positiv Evaluierten sind nicht nur Besser-, sondern Bestwessis.

So habe ich mich immer gewundert, daß man sich nicht stärker auf das Grundgesetz beruft, um ostdeutsche Interessen einzuklagen. Damit meine ich nicht einmal das uneingelöste Versprechen aus Art. 146 (und dem Einigungsvertrag), dem deutschen Volk (innerhalb von zwei Jahren) eine Verfassung zur «freien Entscheidung» vorzulegen. Auch darüber hinaus ist die Einheit juristisch nicht vollendet. «Alle Menschen sind vor dem Gesetz gleich» (Art. 3 GG) ist vorerst ein schöner Traum in Deutschland.

Ein Grundgesetzartikel trägt sogar folgende Fußnote: «Für

das Gebiet der ehem. DDR gilt Art. 131 gem. Einigungsvertrag vorerst nicht.» Warum das so ist, hat öffentlich noch niemand erklärt. Unbestreitbar aber sind im Osten, wie in einem Versuchsfeld für künftige Sozialkürzungen, zahlreiche arbeits-, tarif- und rentenrechtliche Bestimmungen außer Kraft gesetzt. Dafür gilt das verheerende Vermögensgesetz nur im Osten, so daß Ansprüche Ostdeutscher im Westen nicht anerkannt werden. Vorkaufsrechte von Alteigentümern erschweren den einstigen Bewirtschaftern volkseigener Güter den Kauf von Bodenreformland. Auch dreißigjähriger, postmortaler Persönlichkeitsschutz auf der einen und gläserner Mensch auf der anderen Seite entsprechen kaum dem Gleichheitsgebot.

Am 24. 10. 1996 hat das Bundesverfassungsgericht einen Beschluß gefaßt, den die Presse als «juristisch sensationell» feierte. Das Gericht hob das absolute Rückwirkungsverbot des Grundgesetzes für Angeklagte aus der DDR ebenso auf wie die Bestimmung des Einigungsvertrages, wonach die juristische Abrechnung nur nach DDR-Strafrecht zu erfolgen habe. Damit hatte es seine Kompetenz überschritten, aber das störte nicht weiter. Durch die zweimalige Verlängerung von Verjährungsfristen – ein in der Rechtsgeschichte einmaliger Vorgang – wurde das Sonderrecht Ost komplettiert. Nur mit diesem verschleierten Naturrecht konnten die zigtausend Ermittlungsverfahren zum «systembedingten Unrecht» überhaupt öffentlichkeitswirksam begründet werden.

Wenn man bedenkt, daß letztlich nur in 22 Fällen Haftstrafen ohne Bewährung ausgesprochen und selbst diese Verurteilten aus gesundheitlichen Gründen meist bald laufen gelassen wurden, kann man von Siegerjustiz wirklich nicht sprechen. Aber nachdenklich muß es dennoch stimmen, daß ohne Sonderrecht nicht einmal in diesen 0,1 Prozent aller Verfahren Urteile möglich gewesen wären.

Um Rechtsfrieden und Versöhnung zu befördern, brauchen wir weder eine Amnestie noch ein Schlußgesetz. Gäbe es im Osten wirklich Westrecht, wären Verurteilungen bis auf Exzeßfälle nicht mehr möglich. Zehn Jahre nach Mauerfall fehlt nichts anderes als endlich gleiches Recht in Ost und West.

Ostdeutsche Verantwortungsträger neigen nicht selten zur Verklärung dessen, was sie da mittragen. Von ihnen wird ein besonders hohes Maß an Identifikation erwartet. Sie haben ihre Lektion gelernt, wonach unter innerer Einheit eine *Grundsympathie* gegenüber der Verfassung (gemeint ist: die Verfassungswirklichkeit), der Marktwirtschaft und der Westintegration sowie eine nationale Identifikation erwartet wird.[15] Entsprechend respektvoll möge der *Diskurston* auf der Bühne ausfallen.

Ironie und Zynismus (zu deutsch: beißender Spott) sind, so es sich um Fragen der Macht handelt, ein schweres Delikt. Das Geständnis, daß einen die ganze Vorstellung langweile, ertragen Regisseure und Darsteller nicht. Die Obrigkeit erwartet Applaus. Als Heym auf Anregung von Brecht einen Essay mit dem Titel: «Die Langeweile von Minsk» schrieb, durfte der in der DDR nicht erscheinen. Und als später Braun sich zu der Behauptung verstieg, die DDR sei «das langweiligste Land der Welt», da war der Staatsfeind (h)ausgemacht.

Bis heute grüßt das Traditionsbewußtsein. Dabei läßt sich doch eine gewisse Kurzweiligkeit des jetzigen way of life nicht leugnen. Allein im Innern nagt die Unlust, die sich durchaus auch als Langeweile beschreiben läßt, auf eine Jahrhundertaufgabe zurückgeworfen zu sein: die Zähmung des Kapitals. In diesem Punkt war man im Osten tatsächlich weiter. Wenn etwas aus dem Realsozialismus noch einmal wertvoll sein könnte, dann ist es die antikapitalistische Erfahrung. Daß dabei die Vorzüge des westlichen Systems gleich mitgezähmt wurden, gehört zu den tragischen Irrtümern, die lehrreich sein könnten, wenn nur jemand danach fragen würde.

---

15 siehe Hans-Joachim Veen: Innere Einheit – aber wo liegt sie?, in Politik und Zeitgeschichte, B 40–41/97, S. 19–28

Anfechtung. Erste Akteneinsicht.

«Dies ist nicht mein Land» – ein solches Eingeständnis verstößt gegen die angemahnte *Grundsympathie*. Es darf sich nur leisten, wer im Begriff ist, zu gehen, nicht, wer noch dabei ist, anzukommen. 1980 veröffentlichte Lea Fleischmann das vielbeachtete Buch «Dies ist nicht mein Land – Eine Jüdin verläßt die Bundesrepublik». In seinem ausgezeichneten Nachwort schrieb Henryk M. Broder: «Lea Fleischmann ist nicht weggegangen, weil sie als Jüdin angegriffen wurde. Sie ist weggegangen, weil sie sich nicht an einem ‹Demokratiespiel› beteiligen wollte, unter dessen Oberfläche die alten Regeln von Befehl und Gehorsam, Hochmut und Duckmäusertum weiterhin gelten und befolgt werden … Wer sich nicht unterwirft, findet sich bald außerhalb der ‹Gemeinsamkeit aller Demokraten› wieder, wird entweder abgestoßen oder zur Räson gebracht.» Welche der beiden Optionen mag der Autor gewählt haben? Was wird für mich in zwanzig Jahren zutreffen?

Damals fuhr Broder fort: «Wer als glaubwürdiger Demokrat gelten will, muß sich ständig von irgendwelchen Radikalen oder Extremisten distanzieren, alle politischen Kräfte, selbst die CSU, behaupten von sich, ‹in der Mitte› zu stehen. Soviel radikale Mitte wie in der Bundesrepublik gibt es nirgendwo in der Welt.»

Dies wiederlesend, bin ich an eine Episode aus dem vergangenen Herbst erinnert. Gerade in heftige Auseinandersetzungen verwickelt, hatte ich die Illusion, im fernen Indien für ein Weilchen abgeschnitten zu sein vom heimischen Theater und abgelenkt durch die Konfrontation mit wahrlich existentielleren Problemen. Ich hatte nicht bedacht, daß es auch im Land des Nirwana längst Internet gibt. Kaum war ich in Kalkutta gelandet, wurde ich mit der Frage empfangen, ob jetzt an den Ostdeutschen der Extremistenerlaß noch einmal exerziert werde. Dabei wußte ich nicht mal genau, was damals wem erlassen wurde.

Broder, wir sind noch im selben Nachwort, weiß Episoden zu erzählen: Als der Frankfurter Schuldezernent Bernhard Mihm per Verfügung verbot, daß Mitglieder der VVN (Vereinigung der Verfolgten des Naziregimes) in Schulen über das Dritte Reich sprechen, besuchten ihn etwa dreißig Schüler, um mit ihm darüber zu diskutieren. Mihm fühlte sich in seinem Amt bedroht, rief die Polizei. Die Schüler wurden festgenommen, im Polizeipräsidium wurden Fotos gemacht und Fingerabdrücke genommen, die Mädchen außerdem durchsucht. Wie findet man Zivilcourage? Oder besser: Wie treibt man sie aus?

Im Zweifelsfalle mit Geldstrafen. Im März 1979 nahmen Landwirte aus Lüchow-Dannenberg mit ihren Traktoren am «Gorleben-Treck» nach Hannover teil. Einen Monat später wurden sie von der Finanzbehörde darüber aufgeklärt, daß die Teilnahme an dieser Demonstration nicht zu den landwirtschaftlichen Aufgaben gehöre und deshalb der dabei verbrauchte, verbilligte Diesel nachversteuert werden müsse.

Bürokratie als krankhafte Disziplinierungssucht auch in Broders letzter Episode: Im Sommer 1977 hatten Demonstranten bei Grohnde aus Protest gegen das dort geplante Kernkraftwerk auf einer Wiese ein «Anti-Atom-Dorf» errichtet, was keine Straftat ist. Dennoch bekam jeder der 200 Dorfbewohner einen «Leistungsbescheid» in Höhe von 1060,- DM zugesandt. Darin wurden den Dorfbewohnern entstandene Unkosten berechnet, darunter die Anfahrtskosten für die Polizisten, die das Dorf geräumt hatten und die den Beamten gezahlten Zulagen für ihren Dienst zu ungünstiger Tageszeit.

«Justiz und Polizei erklären sich selbst für sakrosankt, eine Öffentlichkeit, die auf staatliche Arroganz noch nie sehr sensibel reagiert hat, nimmt das hin wie den verregneten Sommer ... Und so wie die Demokratie in Deutschland auf dem Verordnungswege eingeführt wurde, wird sie peu à peu auf dem Verordnungswege wieder abgeschafft.» [16]

---

16 Henryk M. Broder, Nachwort zu «Dies ist nicht mein Land» von Lea Fleischmann, Hamburg 1980, S. 269

Diese Stimmung aus den siebziger Jahren scheint nun tatsächlich im Zuge der nachholenden Modernisierung dem Osten auferlegt. In allen meinen Büchern habe ich ähnliche (und schlimmere) Episoden beschrieben. Derartige Vorfälle sind so alltäglich, daß sie eigentlich jeder kennen muß.

Hinterhalt. Ungebührlichkeit. C[2].

Bei einem Treffen von Autorinnen wird erzählt, was den eigenen Söhnen in letzter Zeit widerfahren ist. Ein 15jähriger gehört zu den wahren Künstlern in der Berliner Graffiti-Szene, die einen Ehrenkodex haben: Denkmäler, Privathäuser und renovierte Fassaden sind tabu. Bei abbröckelndem Mauerwerk aber gilt für sie ein Spraybild nicht als Sachbeschädigung, sondern geradezu als Werterhaltung. So wird besten Gewissens, also am hellichten Tag, in der Wollankstraße an ein Stück Originalmauerrest, der an einer Brandwand eines restitutionsbelasteten Hauses «klebt», ein Happy-birthday-Gruß an eine ahnungslose Liebe gesprayt. Ein Saubermann ruft die Polizei, die Jungs werden verhaftet, aufs Revier gebracht, erkennungsdienstlich behandelt. Der Diensthabende beschuldigt sie, die «Demokratie zu untergraben». Da «Gefahr in Verzug» ist, wird dem Jungen zum Zwecke einer sofortigen Wohnungsdurchsuchung der Schlüssel abgenommen. Ohne daß jemand von der Familie anwesend ist, dringt die Polizei in die Wohnung ein. Wie bei einem Mitglied der angesehenen Graffiti-AG nicht anders zu erwarten, werden einige Sprühdosen gefunden. Beschlagnahmt wird außerdem ein Bastelbogen für ein Polizeiauto und ein Einbahnstraßenschild, das Freunde zum Geburtstag mitbrachten. Letzteres bringt eine Nebenklage wegen «schweren Diebstahls» ein. Bis zum Verhandlungstermin vergehen bange Wochen, denn man weiß von ähnlichen Fällen, bei denen für einen konstruierten Schaden Geldstrafen bis zu 20000 DM verhängt wurden. Was wäre das für eine Start-Hypothek in eine sowieso ungewisse Berufstätigkeit! Doch der Jugendrichter trägt Jeans (Marke Alt-68er) unter der Robe und schlägt die Klage wegen Unerheblichkeit nieder.

In Pankow haben einige Schüler auf dem Bürgersteig vor dem einstigen Gartenhaus des jüdischen Fabrikanten Garbaty Unterschriften gegen die Nutzung dieses Hauses als Zentrale der Republikaner gesammelt. Die Polizei, zum Schutze der Reps dort meist präsent, verlangte von den Jugendlichen, sich «aufzulösen». Wie soll ich mich auflösen? fragte einer der Söhne und blieb. Als auch der dritten Aufforderung nicht Folge geleistet wurde, geschah das Übliche: erkennungsdienstliche Behandlung. Wenig später traf ein Strafbescheid über 260,- DM ein, wegen Nichtauflösen einer «öffentlichen Ansammlung». Die Mutter, meine Autorenkollegin, weigerte sich zu zahlen – was die Polizei veranlaßte, sie darüber aufzuklären, daß sich die Kosten vor Gericht um ein Vielfaches erhöhen könnten. Als nach Wochen die relativ junge Jugendrichterin den Sohn fragt, ob er etwas erklären möchte, sagt dieser nur, er würde gern wissen, was eine «öffentliche Ansammlung» ist. Das wüßte sie auch gern, so die Richterin, offenbar genüge es schon, wenn einer sich ansammelt. Sie fordert den Angeklagten auf, künftig den Aufforderungen der Polizei zu folgen. Gleichzeitig stellt sie das Verfahren wegen «Unverhältnismäßigkeit der Mittel» ein – nicht ohne dem Schüler mit auf den Weg zu geben, er möge sich auch künftig nicht davon abbringen lassen, seine politische Meinung auf der Straße zu vertreten. Die Mutter weint vor Freude.

Demokratie wird täglich gefährdet und täglich verteidigt. Wer sich raushält, gehört schon zu den Gefährdern.

Sirenengesang. Vorlagebeschluß 27.

Eine Form der Verteidigung ist die Kritik. Je offener und öffentlicher, je schonungsloser und begründeter sie ist, desto überzeugender verteidigt sie die «Grundsympathie». Gemessen an der Sympathieskala im Osten, scheint vieles überzeugend zu mißlingen. Unlängst sah ich einen Dokumentarfilm über die Jugend-Szene, in dem ein junger, glatzköpfiger Skin, befragt nach den Motiven für sein Engagement, antwortete: «Wenn ich schon nicht geliebt werde, dann möchte ich wenigstens gehaßt werden.» Links außen drückte man sich weniger martialisch aus, aber nicht weniger verzweifelt.

Was für ein Armutszeugnis für die Elterngeneration, für meine Generation. Unfähig, Zuneigung und Geborgenheit zu geben, überfordert, das Gefühl von Nützlichkeit und Gebrauchtwerden zu vermitteln, überfragt, einen Sinn zu benennen, überlassen wir den Beweis für die Existenzberechtigung der Gewalt. Nur durch gruppengestütztes Ausgrenzen und Zuschlagen scheint überprüfbar, ob man noch lebendig ist, in der Lage, irgendeine Reaktion auszulösen. Und die staatlichen Repressionen sind meist geeignet, die negativen Energien positiv zu bestärken.

Im Oktober 1997 wandten sich junge Leute hilfesuchend an die noch auffindbaren Mitglieder der in der Wendezeit aktiven Untersuchungskommission zu Übergriffen von Stasi und Volkspolizei und erzählten uns von ihrem neuerlichen Trauma: In Saalfeld-Rudolstadt, einer Region, die bei rechtsextremen Straftaten bundesweit an der Spitze steht, hatten Meldungen über die geplante Eröffnung eines von der Kommune finanzierten «Nationalen Jugendzentrums» heftige Proteste in der Antifa-Szene ausgelöst. Ein Mitarbeiter der Thüringer Gewerkschaft HBV meldete für den 11. Oktober eine landesweite Demonstration «Gegen rechten Konsens» an, unterstützt von Teilen des DGB, der Jusos, der Grünen, der PDS und zahlreichen Einzelgruppen. Die Vorbereitungen liefen auf Hochtouren, als die NPD/Thüringen für den gleichen Tag ebenfalls eine Demo in Saalfeld anmeldete. «Nach dienstlichen Erkenntnissen» des Landratsamtes war auf beiden Seiten – offenbar ohne Unterschied – mit Gewalt zu rechnen. Vermutlich, um juristische Einsprüche zu erschweren, wurden beide Veranstaltungen erst unmittelbar vor dem Termin verboten. Begründung: Die Rechtsgüter Gesundheit

und Leben seien dem Recht auf Versammlungsfreiheit überge-
ordnet.

Im Morgengrauen des 11. Oktober umstellt eine Hundert-
schaft von Polizisten einen Gasthof in Heilsberg bei Rudolstadt,
in dem sich Rechtsradikale aus ganz Deutschland einquartiert
haben. Die Razzia erbringt den größten Waffenfund seit langem:
5 Seitengewehre, 52 Schlagstöcke aus Tischbeinen oder Metall-
stäben, 8 Äxte, 70 Stichwaffen, Reizgas und Gasmasken, 37
Feuerlöscher, 12 Funkgeräte sowie Scanner zum Abhören des
Polizeifunks. Zur gleichen Zeit nimmt sich die Polizei ein abseits
stehendes Haus der linken Szene am Saalfelder Schloßberg vor.
Ausbeute: eine Dose Reizgas, ein Messer, drei Handys. Für die
Jugendlichen ein Beweis mehr, wie nötig die Demo wäre.

Die Jungs und Mädchen, die uns später um Unterstützung ba-
ten, waren am selben Morgen in Berlin in die lange bestellten
Busse gestiegen, in der Hoffnung, daß der Klage gegen das De-
mo-Verbot noch stattgegeben wird. Erst behinderte die Polizei
die Abfahrt, dann gab sie sie frei. Unterwegs traf man Busse aus
Potsdam, Görlitz und Nürnberg, erfuhr von der gerichtlichen
Bestätigung des Verbots und wollte im Konvoi nach Erfurt fah-
ren, um vor dem Innenministerium dagegen zu demonstrieren.
Vor der Abfahrt Eisenberg wird am Horizont ein riesiges Poli-
zeiaufgebot sichtbar, die Autobahn ist auf eine Spur eingeengt,
die Busse werden gestoppt. Viele Insassen steigen empört aus,
der Verkehr kommt zum Erliegen. Man gestattet der Polizei, die
Busse zu durchsuchen, lehnt aber eine Personalienfeststellung
als diskriminierenden und zeitverzögernden Akt ab.

Nachdem auch für Erfurt ein Versammlungsverbot ausgesprochen wird und die Suche nach einem anderen Ort scheitert,
geben die Demonstranten gegen 17 Uhr auf und bitten, umkeh-
ren zu dürfen. Während die Polizei zwei Stunden lang über den
Vorschlag berät, landen weitere Sondereinheiten mit BGS-Trans-
porthubschraubern. Mit deren Hilfe werden schließlich alle verhaftet, die Busfahrer gezwungen, ihre Reisebusse als Gefange-
nentransporter einzusetzen. Nach zwei Stunden Fahrt treibt

man die mehr als 400 Festgenommenen in die seit Jahren baupo-
lizeilich gesperrte ehemalige Haftanstalt Unterwellenborn. Das
Gebäude ist nicht beheizbar, unmöbliert, ohne Wasser und sani-
täre Einrichtungen. Der Gang auf die Nottoiletten auf dem Hof
wird immer wieder versagt. Niemand darf telefonieren. Eine
Schwangere wird verhöhnt. Weitere Gefangene, die nach dem
Kriterium «linkes Aussehen» auf Bahnhöfen festgenommen
wurden, werden in Handschellen eingeliefert. Erst nach Protesten reicht man gegen Morgen in die überfüllten Zellen ein paar
Decken, etwas Tee und für jeden ein Brötchen.

Im Laufe des Tages kommt es in verschiedenen Räumen zu
Übergriffen durch Polizisten, zu Mißhandlungen, sexuellen Be-
lästigungen. Darüber existieren Gedächtnisprotokolle. Einzelne
werden in Handschellen Haftrichtern vorgeführt. Gegen Abend
werden die Antifas – alle gefesselt – auf dem Güterbahnhof in
schwer bewachte Sonderzüge verfrachtet. Die vor uns sitzenden
Schüler, Lehrlinge, Studenten sind gegen 1 Uhr nachts auf dem
Bahnhof Lichtenberg angekommen, wo ihnen endlich die
Handfesseln gelöst wurden.

Wir sahen uns deprimierten, gedemütigten, wütenden, vielleicht haßerfüllten jungen Menschen gegenüber. Sie suchten psy-
chischen Beistand und rechtliche Beratung für zu erwartende
Schadensersatzklagen wegen «gefährlichen Eingriffs in den Stra-
ßenverkehr» und Landfriedensbruch. Die Initiatoren wiederum
klagten dagegen, das erstmalig eine von einem Gewerkschafter
angemeldete Demonstration verboten wurde. Die Klage ist bis
heute vom Verwaltungsgericht Gera nicht bearbeitet worden.
Ebensowenig wie die Klagen einiger junger Leute gegen die Behandlung durch die Polizei. Die Staatsanwaltschaft Gera hat
nach nunmehr fast zwei Jahren noch keinen der Geschädigten
angehört. Wie sollen junge Leute unter solchen Umständen ein
Gefühl für ihre staatsbürgerlichen Rechte und Pflichten entwik-
keln? Ist es ein Wunder, wenn die Betroffenen eingeschüchtert
resignieren, nicht wählen gehen oder sich innerlich weiter ver-
härten?

Verschalung. Normativbestimmung B.

«Gefahr in Verzug» signalisiert der zur Staatsdoktrin erhobene
Extremismus-Begriff: Nazis und Antifaschisten sind gleich.
Gleich gewalttätig, gleich systemfeindlich, also gleich bekämp-
fenswert. Daß die einen rassistisch, nationalistisch, menschenverachtend argumentieren, die anderen aus einer humanistischen
Tradition kommen, scheint vernachlässigbar, solange diese nicht
aufhören, bestimmten Macht-Konstellationen notfalls ein Interesse an faschistoiden Strukturen zu unterstellen. Mit der ebenso
verhängnisvollen wie unhistorischen These, der Antifaschismus
wäre von Anfang an gar nicht gegen den Faschismus, sondern
gegen die Demokratie gewesen, habe ich mich andernorts aus-
einandergesetzt.[17] Es ist immer wieder die gleiche Demagogie,
die unterstellt, Kapitalismuskritik sei Kritik am *ganzen* System,
also an der Demokratie. Nein, es muß heute mindestens so erlaubt sein, wie in den siebziger Jahren des Extremistenerlasses,
extreme Kritik an gegenwärtigen Rudimenten aus extremer
deutscher Vergangenheit zu üben.

Als 1978 Ministerpräsident Filbinger per einstweilige Verfügung Rolf Hochhuth verbieten wollte, seine Vergangenheit als
Nazi-Jurist extrem zu formulieren, wehrte sich dieser um so
schärfer. Er beklagte, daß kein Richter der BRD auch nur eine
Stunde in Haft gesessen habe, weil er für Hitler Deutsche umge-
bracht hätte. Selbst als sich herausstellte, der höchste Staatsanwalt der Bundesrepublik habe als Sonderrichter Hitlers mehr als
dreißig Menschen zum Tode verurteilt, sei dem Mann nichts
Schlimmeres passiert, als vorzeitig pensioniert zu werden – mit
zweitausend Mark monatlich, was damals sehr viel war. Auf daß
er ungestört sühnen könne.

«Nun war ja dem Geschrei des Auslandes nach Bestrafung
von Kriegsverbrechen zuweilen Gehör zu schenken: Also hielt

---

17 siehe «Westwärts und nicht vergessen», Berlin 1996, S. 46 ff

die bundesdeutsche Justiz sich an jene Mörder, die nicht wie sie Jura studiert hatten: an SS-Männer. War einer mit siebzehn zur SS geholt worden und hatte geholfen, Juden umzubringen, so wurde ihm keinesfalls ‹Befehlsnotstand› zugebilligt von seinen Richtern, die jedem Nazi-Richter aber zugute hielten, daß *er* den damaligen ‹Gesetzen› zufolge hätte köpfen, hängen, erschießen *müssen*. Das ist aber nicht wahr: Die Richter hatten unverhältnismäßig *mehr* Freiheit, human zu urteilen, als ein Soldat Freiheit hatte, sich einem verbrecherischen Befehl zu entziehen! Schon erstaunlich. Der Recht sprechende Stand der Nation hat die Lebenslüge, auf die seine Existenz gründet, nie als Problem artikuliert: Mord-Richter in seiner Zunft zu haben, die heute Warenhausdiebe aburteilen. Die Laufbahn all dieser Hitlerjuristen – und wenn sie nicht gestorben sind, so leben sie heute noch – schließt deshalb wie jedes deutsche Märchen, weil es auch eins ist: das Märchen, die BRD sei ein Rechtsstaat.» [18]

So etwas würde ich mich nicht nur nicht zu sagen wagen, sondern nicht mal zu denken getrauen. Also denke ich es auch nicht. Wenn sich die bundesdeutsche Justiz allerdings anschickt, strafrechtlich die Vergangenheit aufzuarbeiten, halte ich es für meine staatsbürgerliche Pflicht, sie mißtrauisch zu beobachten. Dabei weiß ich mich in guter Gesellschaft. Unter der Überschrift «Wachhunde in schwarzen Roben» berichtete die *Allgemeine Jüdische Wochenzeitung* unlängst von der «Deutsch-Israelischen Juristenvereinigung», die gegen mangelnde gesellschaftliche Wachsamkeit gegenüber «braunen Spuren in der deutschen Justiz» die Stimme erhebt. Zitiert wird der israelische Rechtsanwalt Joel Levi: «In ihrer Mehrheit steht die deutsche Justiz politisch rechts. Deshalb werden Juristen, die es mit der Bewältigung der NS-Vergangenheit allzu ernst meinen, oft von Kollegen gemieden, wenn nicht gar angefeindet.» [19] Somit habe er sich über

18 Rolf Hochhuth im *Spiegel*, 19/1978, S. 140
19 Wladimir Struminski: «Wachhunde in schwarzen Roben», *Allgemeine Jüdische Wochenzeitung*, 7. 1. 1999

die Bitte antifaschistischer Juristen aus Deutschland um moralische Unterstützung aus Israel nicht gewundert. «Ganz im Gegenteil: Ich fand es natürlich.» 370 Mitglieder hat die Vereinigung schon, Vorsitzender ist der einstige Bundesverfassungsgerichts-Vizepräsident Ernst Gottfried Mahrenholz, beigetreten ist auch Jutta Limbach.

Der Artikel nennt Beispiele dafür, wie notwendig es heute noch ist, wachsam zu sein: Obwohl alle wußten, daß Karl-Heinz Spielker als junger SS-Obersturmbannführer für die «Entjudung» Berlins zuständig gewesen war, konnte er unbehelligt elf Legislaturperioden für die CSU im Bundestag sitzen. 1990 schied er lediglich als stellvertretender CDU/CSU Fraktionsvorsitzender aus, um danach Fraktionsjustitiar zu werden.

Die «Deutsch-Israelische Juristenvereinigung» hat auch bei Waldheims Bürgermeister protestiert. Gegen den Gedenkstein, den «die Stadtoberen, eifrig bemüht, mit der SED-Vergangenheit abzurechnen», nach der Wiedervereinigung zu Ehren der hingerichteten «Opfer des Kommunismus» aufstellten. Einer der zum Tode verurteilten war Dr. Gerhard Wischer, Jurist und Mediziner. Als ärztlicher Leiter der Heilanstalt Waldheim hat er 260 Euthanasie-Patienten ermordet. Von 1941 bis 1943 war er in der Berliner «Euthanasie-Zentrale» tätig, von wo aus erprobte Ärzte in Konzentrationslager geschickt wurden, um kranke und arbeitsunfähige Häftlinge «auszumustern». Das war die Generalprobe für die Shoa. Bei jüdischen Häftlingen übernahmen die Ärzte meist einfach die Diagnosen der SS. «Deutschfeindlicher Hetzjude» genügte für eine Einweisung in die psychiatrischen Tötungsanstalten.

Levi zu Waldheim: Wenngleich das Verfahren gegen die NS-Mörder nicht westlichen Standards entsprochen habe, so stehe ihre Schuld historisch außer Zweifel. Sie zu ehren, sei eine Ungeheuerlichkeit. Genützt hat der Protest nichts. Ungerührt erklärte der Bürgermeister, «er und seine Stadtbewohner wollten die Ehrentafel behalten».

Der Humanist Albert Schweitzer würde sich wohl im Grabe

umdrehen, wenn er wüßte, wie verstümmelt und in welch zwielichtigem Kontext sein berühmtes Zitat auf den Waldheimer Gedenkstein geraten ist: «GUT IST LEBEN ERHALTEN – BÖSE IST LEBEN VERNICHTEN». Diese auf den ersten Blick in ihrer Allgemeinheit unangreifbare Moral bekommt durch den beabsichtigten, konkreten Bezug einen fatalen Beigeschmack. Nicht nur unterschwellig wird gesagt: Auch Todesurteile, die unbestreitbar wegen Verbrechen gegen die Menschlichkeit ergingen, waren «böse». Das ist ein Affront gegen die Rechtssprechung der alliierten Siegermächte.

Solange die Russen gemeint sind, ist heutzutage erlaubt, was gefällt. Niemand würde es wagen, den gleichen Spruch im KZ Dachau anzubringen. Dort wurden vor einem amerikanischen Militärgericht, ebenfalls auf der Grundlage des Kontrollratsgesetzes Nr. 10, bis 1948 Anklagen gegen 1672 Beschuldigte erhoben. Es ergingen 426 Todesurteile. Die Alliierten sind nach dem Krieg, dem Willen der Völker entsprechend, mit den Nazis und ihren Kollaborateuren hart ins Gericht gegangen. In Europa waren etwa eine Million Menschen von den politischen Säuberungen betroffen, mehr als hunderttausend haben sie mit dem Leben bezahlt.[20]

Allein diese Größenordnung erklärt, weshalb es im angelsächsisch dominierten, alliierten Recht sehr viel weniger auf den Nachweis individueller Schuld, einzelner belegbarer Handlungen, ankam. Angesichts der sehr komplexen Tatbestände wie Völkermord, Kriegsverbrechen, Versklavung, Zwangsverschleppung und Freiheitsberaubung genügte es, in einer bestimmten Funktion innerhalb der verbrecherischen Maschinerie Mitverantwortung getragen zu haben. Zumal absehbar war, daß Verbrechen oft nicht bewiesen werden konnten, «weil die Zeugen tot sind», wie Richter Samuel Rosenmann die amerikanische Sicht

---

20 siehe dazu Paul Sérant, Die politischen Säuberungen in Westeuropa am Ende des Zweiten Weltkrieges, Oldenburg und Hamburg 1966

beschrieb. Danach sollten die Amtsinhaber nicht nur aus moralischen Gründen verurteilt werden, sondern «weil diese sicherlich den Kern einer künftigen Nazipartei bilden und jeden künftigen Aufruhr anführen würden». Je nach Position wurde man also in Kategorien eingeteilt und entsprechend verurteilt. Das mag man heute nachvollziehen können oder nicht. Aber man kann es weder denen zum Vorwurf machen, die damals danach handelten, noch denen, die heute daran erinnern. Wer bedingungslos kapituliert, sollte im nachhinein keine Bedingungen stellen.

Zeitmaschine. VVS 7.

Die rein politische Prozeßführung in Waldheim, unter weitgehender Mißachtung des Rechts auf Öffentlichkeit, auf Zeugenanhörung und Verteidigung, hat unvermeidlich zu Unrecht geführt und der Glaubwürdigkeit antifaschistischer Rechtssprechung schweren Schaden zugefügt.

Aber selbst der verdammenswerte Umstand, daß sich die SED massiv eingemischt hat und die Urteile praktisch schon vor der Verhandlung feststanden, ist kein hinreichender Beweis dafür, daß sie inhaltlich allesamt falsch waren. (Das ist wieder so ein angreifbarer Satz. Geeignet für jeden Verriß. Kein Mensch würde diesen relativ nebensächlichen Gedanken vermissen, wenn ich ihn stillschweigend streiche. Ich gehe um den Satz herum, betrachte ihn von allen Seiten. Kann ihn nicht falsch finden. Wo komme ich hin, wenn ich mir meine angreifbaren Sätze ausreden lasse!)

Solange niemand mit Sicherheit sagen kann, zu welchen Urteilen korrekte und faire Prozesse (nach dem damals gültigen alliierten Recht) gelangt wären, solange wird dieses Kapitel emotional besetzt und umstritten bleiben. Selbst unter den Betroffenen.

Kürzlich lernte ich in Hannover einen Sohn des einstigen stellvertretenden Gauleiters Sachsens kennen, in Waldheim zum Tode verurteilt wegen völkerrechtswidriger Behandlung von Kriegsgefangenen und Zwangsarbeitern. Dieser Sohn hat, sicher nach Jahren schmerzlichen inneren Ringens, das Urteil angenommen. Den «Waldheim-Kameradschaftskreis» hatte er immer gemieden und riet mir, das dort verbreitete Geschichtsbild mit Vorsicht zu genießen.

Ganz ähnlich klang ein Leserbrief, in dem mir der Sohn eines in der SBZ zum Tode verurteilten Pressezeichners schrieb: «Ich müßte diese Tatsache eigentlich auf das Konto der Willkür der sowjetischen Besatzer schieben, bin aber statt dessen der Meinung, das Beispiel meines Vaters steht für die vielen Deutschen, die mit ihrem Verhalten das nationalsozialistische Verbrechen und den Krieg gebilligt und unterstützt haben. Damit hat diese Generation sich schuldig gemacht und die Gründe für ihre Bestrafung selbst geliefert. Und es kommt der Umstand hinzu, daß gerade in der SBZ der Versuch, die besatzungsrechtlichen Ziele zu stören, besonders in den unmittelbaren Nachkriegsmonaten sehr häufig zu beobachten war.» [21]

In der Tat war auch die Internierung von Personen, die «keiner bestimmten Verbrechen schuldig sind», die aber «als für die Ziele der Alliierten gefährlich zu betrachten sind», gemäß Potsdamer Abkommen (Abschn. III A 5) von allen vier Alliierten ausdrücklich vorgesehen. Und sie wurde überall praktiziert. So ist das, wenn man einen Krieg verloren hat, und zwar zu Recht, zu Menschenrecht.

Wenn Sozialdemokraten heute auf ihre Waldheim-Sensibilität hinweisen, weil dort auch Menschen verurteilt wurden, die gegen den Zusammenschluß von SPD und KPD aktiv geworden waren, so ist das verständlich. Ich frage mich allerdings, wo die sozialdemokratische Sensibilität angesichts der Tatsache geblieben ist, daß in Waldheim eben auch KZ-Aufseher saßen, die Sozialdemokraten mißhandelt oder zu Tode geprügelt haben, oder Nazijuristen, die SPD-Mitglieder wegen Hochverrats oder Wehrkraftzersetzung hinrichten ließen. Pauschale Verurteilun-

21 Christian Pieta, Leserbrief in der Frankfurter Rundschau vom 3. 4. 1998

gen, um diese Banalität ein letztes Mal zu wiederholen, sind genauso fragwürdig wie pauschale Rehabilitierungen. Die juristische Abrechnung mit der Nazi-Barbarei war und ist ein so einmaliger Vorgang, daß Fehler unvermeidbar waren. (Auch die Amerikaner mußten einige Urteile wegen unzulässiger Ermittlungsmethoden aufheben.) Der größte Fehler wäre aber gewesen, nichts zu tun. Insofern hat die bundesdeutsche Justiz nicht die moralische Kompetenz über Leute zu richten, die das versuchten, was sie selbst versäumte.

Lichtkasch. Unnumeriert.

Je genauer geforscht wird, desto weniger läßt sich offenbar die These aufrechterhalten, in den NKWD-Lagern hätten überwiegend Unschuldige oder Oppositionelle gesessen. In Moskauer Archiven soll belegt werden können, daß etwa 70 Prozent der zwischen 1945 und 1947 in Torgau Internierten aktive NSDAP-Mitglieder gewesen waren, 498 gehörten zudem der Gestapo, dem SD und anderen deutschen Straforganen an. Im Speziallager Buchenwald sollen etwa 80 Prozent der Inhaftierten Funktionsträger des Nationalsozialismus gewesen sein.

Für diese Aussage wurde der Leiter der Gedenkstätte, Dr. Volkhard Knigge, vom Thüringischen «Verband der Opfer des Stalinismus» wegen Volksverhetzung angezeigt. Selbst der Häftlingsbeirat von Buchenwald distanzierte sich daraufhin vom Opferverband, aber der Staatsanwalt erhob Anklage. Das Gericht stellte schließlich klar, daß die Justiz nicht über wissenschaftliche Befunde zu urteilen habe. Aber die Geschichtsschreibung bleibt heftig umkämpft.

Da die allermeisten Waldheim-Häftlinge aus Buchenwald kamen, kann auch in Waldheim der Anteil aktiver NSDAP-Mitglieder nicht ganz klein gewesen sein. Ebensowenig kann der traurige Umstand bestritten werden, daß *auch* Unschuldige und viele kleine Nazis den willkürlichen Verfolgungsmaßnahmen zum Opfer fielen. Unter den Zeitzeugen überwiegen heute naturgemäß die damals ganz jungen Verhafteten, die schon allein deshalb kaum Verantwortung getragen haben konnten. In Waldheim sollten 27 «Werwölfe» gesessen haben. Aber es gab eben auch schwere Verbrecher.

Gegenwärtig wird im Rahmen einer Dissertation erstmalig untersucht, ob die 24 vollstreckten Todesurteile von Waldheim trotz der unmöglichen Prozeßführung materiell, also inhaltlich, nicht doch gerechtfertigt waren. In den meisten Fällen wird dies so sein, da allein schon die Selbstaussagen der Angeklagten genügten, um sie als Hauptverbrecher einzustufen.

Inzwischen habe ich die 184 Seiten umfassende Begründung des Urteils der 1. Kammer des Landgerichts Leipzig vom Januar 1998 gelesen, das die 80jährige Waldheimrichterin Irmgard Jendretzky, die schon 1957 unter dem Vorwurf des *Liberalismus* aus der DDR-Justiz entlassen wurde, also seit vierzig Jahren keine Richterin mehr ist, zu vier Jahren Haft verurteilte. Hauptvorwurf: Totschlag in fünf Fällen. Die Angeklagte habe als Mitglied des Revisionssenats die in erster Instanz verhängten Todesurteile bestätigt und somit diese Personen «vorsätzlich, rechtswidrig und schuldhaft getötet». Wohlgemerkt handelt es sich bei diesen Personen um schwer belastete Nazi-Größen, die alle selbst Menschenleben auf dem Gewissen hatten. Darunter der Kommandant des Zuchthauses Torgau, in dem viele der 46 000 zum Tode verurteilten Deserteure mißhandelt und hingerichtet worden waren, ein Generalstaatsanwalt, der nach eigenen Angaben 15 «Volksschädlinge» zum Tode verurteilt hatte, der Vorsitzende des Sondergerichts Stettin und ein Oberstabsrichter.

Ich halte das Jendretzky-Urteil für einen schweren Rechtsfehler. Die Kammer hat sich als unfähig oder unwillig erwiesen, anzuerkennen, daß damals alliiertes Recht galt, welches seinem Rang nach über nationalem Recht stand. Das Äußerste, wozu sie sich hat hinreißen lassen, ist das Zugeständnis, das Gericht sehe «in der Anwendung des KG 10 nebst Direktive 38 durch die An-

geklagte keine Grundlage für ein strafbares Verhalten». Daraus
spricht die tiefe Verachtung gegenüber dem aus den Nürnberger
Prozessen abgeleiteten Recht, von dem man zwar nicht ausdrücklich leugnen kann, daß es galt, das nicht zu beachten aber
offenbar sittlicher gewesen wäre. Dies ist der Versuch, den Krieg
wenigstens juristisch doch noch zu gewinnen. Im Urteil heißt es,
nach alliiertem Recht «konnte die Todesstrafe ausgesprochen
werden. Ob im konkreten Fall tatsächlich auf Todesstrafe zu erkennen war, stand im Ermessen des Gerichts.» Daß das damalige
Gericht innerhalb des gesetzlich gegebenen Ermessensrahmens
hart geurteilt hat, gilt heute als Totschlag.

«Die Angeklagte war nach Waldheim gekommen in der Vorstellung, ... daß es sich bei den übergebenen Internierten tatsächlich um Nazi- und Kriegsverbrecher gehandelt hat.» Während das Gericht dies heute immer noch pauschal leugnet, dürfte
diese Vorstellung bei der Angeklagten durch die eigene Fami-
liengeschichte bestärkt worden sein: Vater und beide Brüder hatten wegen «Vorbereitung zum Hochverrat» jahrelang in Zucht-
häusern und Konzentrationslagern gesessen. Im Grunde war sie
befangen, aber von welchem Himmel sollten unbefangene Richter fallen? Ungerührt wird ihr im Leipziger Urteil heute vorgeworfen, sie habe die «entlastende Bedeutung des damaligen (d. h.
in der Nazizeit, D. D.) positiven Rechtszustandes nicht berücksichtigt und verkannte daher dessen schuldmindernde oder gar
schuldausschließende Wirkung».

Hochhuths zwanzig Jahre alte Vorwürfe sind unverändert aktuell. Das Leipziger Gericht übernimmt die Logik der NS-
Richter, die sich zu ihrer Verteidigung lediglich auf Befehlsnotstand beriefen. In Leugnung der spätestens seit Gustav
Radbruchs Aufsatz von 1946 anerkannten Tatsache, daß das
NS-«Recht» überhaupt der Rechtsnatur entbehrte, weil es Gerechtigkeit nicht einmal anstrebte, indem es die Gleichheit, die
den Kern der Gerechtigkeit ausmacht, bewußt verleugnete
(Nürnberger Gesetze, Polenstrafrecht), wird hier von schuld-
ausschließender Wirkung bei Einhaltung dieses Unrechts gefa-

selt. Unter Ablehnung des alliierten Rechts, insbesondere des KG 10 Art. II zu den *Verbrechen gegen die Menschlichkeit*, mutet die Leipziger Kammer den Waldheim-Richtern zu, sie hätten mit ihren Nazi-Kollegen gemeinsame Sache machen sollen, indem sie zu deren Rechtfertigung die Terrorgesetze hätten akzeptieren müssen. Eine derart nazifreundliche Rechtssprechung hätte ich am Ende des Jahrhunderts nicht mehr für möglich gehalten.

Kreuzgang. Verweis 11 a.

Das Strafrecht wird als Gradmesser dafür angesehen, in welcher «Verfassung» sich Staat und Gesellschaft befinden. Niemand bestreitet den Zivilisationsanspruch, der gemacht wurde, als Lynchjustiz, Privatrecht und Blutrache zugunsten einer geordneten, staatlichen Rache aufgegeben wurde. Da man sich auch für die Verwendung des Begriffes *Rache* an mir gerächt hat, will ich kurz darauf eingehen. Die Frage nach der Rechtfertigung und dem Sinn von Strafe, insbesondere von Freiheitsstrafe, gehört zu den umstrittensten Problemen der Rechtswissenschaft. «Das hängt damit zusammen, daß sich der repressive Zwang des Staates keineswegs ebenso von selbst versteht wie die Abwehr von Störungen der öffentlichen Ordnung.»[22]

Es gibt im wesentlichen drei Straftheorien, die, da jede für sich unzulänglich ist, meist kombiniert werden: «Die *Vergeltungstheorie* besagt, der Zweck der Strafe sei die Vergeltung. Auf deutsch: Rache. Wenn jemand getötet hat oder gestohlen oder betrogen, dann muß es dafür Rache geben. Deshalb wird bestraft. Nicht nur bedeutende Juristen sind dieser Meinung, auch die beiden wichtigsten Philosophen der bürgerlichen Gesellschaft, Kant und Hegel ... Rachegefühle sind menschlich. Jeder

---

22 Hans-Heinrich Jeschek, Lehrbuch des Strafrechts, Berlin 1988, S. 57

hat sie bisweilen. Aber können sie in einer freiheitlichen Demokratie der Grund sein, täglich sechzig- bis siebzigtausend Menschen wie Hühner ‹unter Verschluß zu halten›?»[23]

Hinter der Bestrafung stehen jedenfalls nicht nur edle Motive,
immer ist sie ein Unwerturteil über andere und damit ein Wert-
urteil über sich selbst. Sprachliche Verwandtschaft deutet auf
geistige: rechten, richten, rächen. Nur Pharisäer leugnen den
«Übelcharakter» der Strafe. Was wollen die Herrschaften weismachen, das Strafe sei? Eine karitative Maßnahme? Eine läu-
ternde Wohltat?

Die Theorie der *Spezialprävention*, der erzieherischen Ein-
wirkung auf den Täter, hofft auf Resozialisierung. Doch die
Rückfallquoten beweisen das Gegenteil. Unter den entwürdi-
genden Bedingungen des Eingeschlossenseins muß Erziehung
genauso scheitern wie Sühne. «Durch Güte und Treue wird Mis-
setat gesühnt», heißt es in den biblischen Sprüchen. Doch gerade
diese beiden Vorzüge zu leben, verwehrt einem der Knast. Aus
seiner langjährigen Erfahrung als Seelsorger im Strafvollzug
kommt Hubertus Janssen zu dem Schluß: «Die Demokratisierung des Strafvollzugs in der Bundesrepublik ist in vielerlei Hinsicht gescheitert. Dazu hat nicht unerheblich die Mißachtung
der Menschenrechte und Menschenwürde im Strafvollzug beigetragen. Es geht immer wieder um Repression und Vergeltung
und nicht um Wiedereingliederung, Wiedergutmachung und
‹Menschwerdung›.»[24]

Bleibt die Theorie der *Generalprävention*, also der Abschrek-
kung. Die Angst vor Strafe soll abhalten, Untaten zu begehen.
Doch auch hier belegen Kriminalstatistiken und moderne Forschung etwas anderes: Verbrechen werden unter Zwängen begangen, die viel stärker sind als die Angst vor Strafe. Demnach
erweist sich auch «die Generalprävention als völlig unbewiese-

23 Uwe Wesel, Fast alles, was Recht ist, Frankfurt am Main 1996, S. 214
24 Grundrechte-Report 1999, Reinbek 1999, S. 36

ner Aberglaube ... Das bittere Ergebnis bleibt, daß wir eine zureichende Begründung für Strafe nicht haben. Das Strafrecht hat kein rationales Fundament.»[25]

Wie schön, daß auch andere umstrittene Sätze schreiben. Aber selbst noch so verquere Pseudomoralisten mit ihrem Unfehlbarkeitsglauben an eine sakrosankte Justiz werden den rationalen Kern von Wesels Schlußfolgerung nicht widerlegen können: «Es zeigt sich, daß unser Strafrecht letztlich nichts anderes ist als Rache.»

Demarkationslinie. Ortung 4712.

Die letzten Seiten handeln verdächtig oft von *Repression*. Was will die Autorin damit sagen? Wo bleibt das Positive? Ach jemine! (Jesu domine). Hab ich mich doch andernorts, nach seitenlanger Beispielsammlung, zu der Beobachtung verstiegen: «Mit Blick auf die von mir erlebte poststalinistische DDR und die finanzstalinistische BRD scheint mir: Die Summe der Repressionen ist immer gleich.» Kreuzigt sie, hieß es von Anfang an auf beiden Seiten. Im Westen: Wie kann sie es wagen, wo doch klar ist, daß ... Im Osten: Wie kann sie es wagen, wo doch klar ist, daß die Repressionen heute viel schlimmer sind.

Dabei wurde deutlich, daß der Begriff im Osten viel weiter gefaßt wird. Nicht begrenzt auf das Klischee von Gummiknüppel, Knast, Folter. Obwohl sich auch in diesem engen Sinne, wie zu sehen war, manches vergleichen ließe. Wenn die DDR-Polizei losschlug, konnte man sich darauf verlassen, daß ein ZDF-Korrespondent vor Ort dafür sorgte, daß die Bilder um die Welt gehen. Heute gibt es keinen Sender mehr, der daran interessiert wäre, einen Kameramann nach Saalfeld zu schicken.

Repression heißt im Osten aber auch nicht nur Bespitzelung,

25 Uwe Wesel, ebenda S. 215 f

Bevormundung, Zensur. Man hat nicht vergessen, daß die DDR hier traurige Rekorde feierte. Der Begriff wird sehr wörtlich genommen: Pression, Druck, Gegendruck, Anpassungsdruck. «Poststalinistisch» beschreibt für mich eine Atmosphäre der Einschüchterung, der Verunsicherung, des Duckmäusertums, der Angst vor öffentlichem Reden, die schließlich zum Schweigen führt. Haargenau diese Konsequenz besorgt im Westen der Druck des Geldes. Ich veranschaulichte dies mit einem Zitat von Clintons Arbeitsminister Robert Reich, der im September 1995, anläßlich der Entlassung von 12 000 Angestellten der fusionierten Großbanken *Chemical* und *Chase Manhattan*, sagte: «Die amerikanischen Arbeitnehmer wurden durch diese und tausend andere solcher Demonstrationen ihrer leichten Ersetzbarkeit zum Schweigen gebracht. Sie werden sich nicht beschweren, wenn sie keine Lohnerhöhung bekommen, selbst wenn ihr Unternehmen jede Menge Geld verdient. Viele werden sogar eine Kürzung ihrer Bezahlung oder der Sozialleistungen hinnehmen. Wenn man seine Entscheidung auf ‹entweder das oder gar nichts› reduziert sieht, kann man nicht viel sagen.»[26]

Dieser Zwang zum Schweigen produziert nach Überzeugung von Ekkehart Stein «verkümmerte Menschen», die am Arbeitsplatz daran gehindert werden, Eigenverantwortlichkeit und kritisches Urteilsvermögen zu entwickeln. «Die Rechtsstellung des Arbeitgebers ... ähnelt der Machtposition eines Diktators im Staat. Damit soll nicht unterstellt werden, daß sich Unternehmer wie Diktatoren benehmen. Es wird nur klargestellt, daß die Beschäftigten den Direktiven der Unternehmer ebenso ausgeliefert sind wie die Untertanen eines Diktators seinen Befehlen.»[27]

Viviane Forrester spricht von dem «Gefühl der Unwürdigkeit, das zu äußerster Unterwerfung führt». Es ist der «Terror der

---

26 Robert Reich: Die amerikanische Erwerbsbevölkerung, in: Amerika Dienst 27/95, S. 2
27 Ekkehart Stein, ebenda, S. 64

Ökonomie», der dem Terror des Poststalinismus in nichts nachsteht.

Es ist Repression, wenn der Installationsbetrieb nur Leute anstellt, die nicht in der Gewerkschaft sind; es ist Repression, wenn der jungen Ärztin bedeutet wird, Kinder könne sie sich erst mit fünfzig anschaffen, falls sie in der chirurgischen Station bleiben wolle; es ist Repression, wenn jeder dritte Prenzlauer Berger Angst vor Wohnungsmodernisierung hat, während früher jeder Angst hatte, daß nicht instandgesetzt wird; es ist Repression, wenn der 35jährigen Rundfunkredakteurin ins Gesicht gesagt wird, daß sie für Kindersendungen nun zu alt sei und die von ihr erfolgreich entwickelte Reihe von Jüngeren übernommen wird; es ist Repression, wenn die Verkäuferinnen bei Peek & Cloppenburg vor den Kunden auf jeden Kassenzettel ihre persönliche Kennzahl kleben müssen, damit die Unternehmensleitung ihre Effektivität überprüfen kann; es ist Repression, wenn Taxifahrer kriminalisiert werden, falls sie Ausländer befördern; es ist Repression, wenn ein Dichter nicht mehr wie früher öffentlich darüber zu sprechen wagt, welche politisch begründete Streichung sein Verleger in seinen Stücken verlangt; es ist Repression, wenn eine Textilfirma in Darmstadt portugiesische Frauen für einen Stundenlohn von vier Mark 16 Stunden am Tag arbeiten läßt; es ist Repression, wenn einer Briefträgerin ohne Begründung ihr heimischer Zustellbezirk weggenommen wird, sie nun bei Wind und Wetter die schwere Post mit dem klapprigen gelben Fahrrad 15 Kilometer transportieren soll und bei Nachfrage zu hören kriegt, sie könne ja gehen, wenn sie was Besseres habe; es ist Repression, wenn Richtern, die (z. B. in Frankfurt/Oder) abweichend Recht sprechen, bedeutet wird, daß sie ihre Hoffnung auf Beförderung begraben könnten; es ist Repression, wenn ein Journalist eines öffentlich-rechtlichen Senders in Norddeutschland zu verstehen gibt, daß er es sich nicht leisten kann, auf dem Sender gegen die Nato-Bomben im Kosovo zu argumentieren; es ist Repression, wenn Erwerbslose im Berliner Abgeordnetenhaus mit Spruchbändern auf die überteuerten Tarife der öffentlichen Verkehrsmittel aufmerksam machen und deswegen die Kripo wegen «Störung der Tätigkeit eines Gesetzgebungsorganes» gegen sie ermittelt; es ist Repression, wenn auf einer Großbaustelle in Teltow die Polen nur ein Drittel dessen bekommen, was die Deutschen kriegen, und manchmal auch gar nichts und statt dessen Prügel; es ist Repression, wenn vor dem Berliner «Haus der Demokratie» zehn Polizeiwagen vorfahren, weil Arbeitslose einen «Aktionsspaziergang zum Sozialamt» planen … Und es ist Repression, wenn Autoren ihren ungläubigen Lesern solche Sätze zumuten.

Viele Ostdeutsche beschreiben, was sie jetzt erleben, als ein sich selbst regulierendes System der Repression. Konnte man sich früher noch als Märtyrer empfinden, bleibt heute nur, sich als selbstverschuldeter Versager zu fühlen. In der DDR mußte man sich anpassen. In der BRD muß man sich anpassen wollen. (Selbst Reichtum läßt sich nur bewahren und vermehren, wenn man die Spielregeln einhält.) Während sich heute dem existentiellen Anpassungsdruck *niemand* entziehen kann, lastete der ideologische Druck früher hauptsächlich auf den politisch engagierten, kritisch loyalen bis oppositionellen Bürgern.

Zwar ist der Spielraum für Widerspruch und Nonkonformismus nach dem Ende der DDR erheblich größer geworden. Wissenschaftler, Publizisten, Theologen, Künstler – alle, die früher unter besonderer Beobachtung standen, wissen das zu schätzen. Die Grenzen des Zumutbaren an Kritik sind allerdings auch heute nie genau vorherzusagen. Vorsichtige Gemüter neigen daher dazu, diese Grenzen, genau wie früher, gar nicht erst zu erkunden. Denn auf Grenzüberschreitung steht eine schlimme Strafe: Wer allzu oft abweicht, setzt sich der Gefahr aus, «geschlachtet» zu werden.

Es gibt manche Tabus in dieser Gesellschaft, aber die öffentliche Demontage von Personen gehört nicht dazu. Spätestens seit der «Verlorenen Ehre der Katharina Blum» weiß man, wie so etwas funktioniert. Geändert hat sich nichts. Der Ton hat sich eher noch verschärft. Der Rufmord- oder auch Hinrichtungs-

Journalismus, der, wenn es sich um Frauen handelt, gern Formen von Hexenjagd annimmt, bringt nicht nur Quote. Er bedient auch die Sucht nach Feindbildern und Sündenböcken.

Die Medien, längst zur vierten Gewalt im Staate geworden, werden von allen gefürchtet – von Politikern und Unternehmern, von Intellektuellen und Künstlern. Und – als Erfahrung von Konkurrenz – auch von den Journalisten selbst. Das bringt einen Einschüchterungsdruck und Disziplinierungszwang mit sich, der der Demokratie nicht zuträglich ist. Noch nicht ahnend, was auf ihn zukommen würde, klagte Martin Walser schon vor fünf Jahren, daß er vor lauter Denkverboten seine Meinung nicht mehr ungestraft sagen könne.[28] Wo endet berechtigte Zurechtweisung, wo beginnt Zensur und Selbstzensur?

Journalisten sind, so Bourdieu, Manipulierte und Manipulierer zugleich. Der Kampf um Marktanteile ist auch als strukturelle Korruptheit zu beschreiben. Fundierte, kulturelle Aufklärung wird der Quote zum Opfer gebracht und durch dümmliche Unterhaltung ersetzt. Wird die Gier nach Sex, Crime und Sensation bedient, ist in den Werbepausen mit viel Käufern vor den Geräten zu rechnen. Da freuen sich die Wirtschaft und der Eigentümer.

Geht es um Personen, genügen schlechtrecherchierte, oberflächliche Geschichten. Die Unsitte, Äußerungen aus dem Zusammenhang zu reißen und einen ganzen Menschen auf einen halben Satz zu reduzieren, hat nicht nur Stalin gut beherrscht. Gerücht ist Macht. An seriösen westlichen Journalistenschulen wird zwar noch die Zwei-Quellen-Regel gelehrt: Bevor man einen Informanten zitiert, der nicht genannt werden will, muß die Information von mindestens einer weiteren, unabhängigen Quelle bestätigt werden, die über Wissen aus erster Hand verfügt. Doch in der Praxis ist man längst zur Null-Quellen-Regel

---

28 Martin Walser, Über freie und unfreie Rede, *Der Spiegel* 45 / 1994, S. 130ff

übergegangen. Die Würde des Menschen, die der erste und wichtigste Grundgesetzartikel zu schützen vorschreibt, ist antastbar.

Die Netze des Persönlichkeitsschutzes sind längst nicht engmaschig genug, um vor groben Verletzungen zu bewahren. Wird man falsch zitiert oder durch Verdrehungen und Halbwahrheiten verleumdet, ja, selbst bei eindeutig falschen Tatsachenbehauptungen, rät einem jeder, Zeit, Nerven und Geld für eine langwierige juristische Auseinandersetzung zu sparen. Selbst für den unwahrscheinlichen Fall eines Sieges und damit verbundener öffentlicher Berichtigung würde am Ende sowieso niemand mehr wissen, worum es sich gehandelt hat, und es bliebe nur Lächerlichkeit.

Dabei wäre die Sorgfaltspflicht der Journalisten leicht zu bestärken durch ein Gesetz über die Verbindlichkeit des (bisher unverbindlich) geltenden Pressekodex: Kann ein Journalist seine Behauptung nicht belegen, wird er von einer schnell reagierenden, ehrenamtlichen Schiedskommission (gestellt möglicherweise von der IG-Medien, Anwälten, Journalistik-Dozenten) zu Berichtigung und sofortiger Zahlung von Schadensersatz aufgefordert. (In leichten Fällen beispielsweise 1000 DM, in mittleren 5000 DM, in schweren 20000 DM.) Damit hätte diese «Konfliktkommission» mehr Kompetenz als der weitgehend wirkungslose Presserat. Sie wäre aber nicht gegen die Pressefreiheit gerichtet, sondern schützte sie im Gegenteil vor der Zensur des Marktes. Der Journalist seinerseits müßte das Recht haben, in sensiblen Fällen von diesem Ehrengericht Quellenschutz, also Vertraulichkeit zu verlangen. Wenn diese Art Anti-Regenbogen-Kommission seriös arbeitet, wird sich unter den zur Verantwortung Gezogenen herumsprechen, daß auch der Rechtsweg, der natürlich offen bleiben muß, nichts anderes bringt als eine Bestätigung des Bußgeldes.

Da etwas Derartiges nie versucht wurde, drängt sich beinahe der Verdacht auf, es bestünde ein Interesse an einem unvollkommenen Persönlichkeitsschutz. Damit die Abweichler einerseits nicht zu übermütig werden und sie andererseits – im Namen der

Pressefreiheit, aber im Auftrag der Quotenjäger – hingerichtet werden können. So wird eine Art Antiintellektualismus zu einer logischen strukturellen Konstante der Gesellschaft. Letztlich siegt nicht der Geist, der der Zeit den wenig schmeichelhaften Spiegel vorhält, sondern der Zeitgeist.

Je mächtiger die Medien werden, je mehr sie die demokratischen Abläufe dominieren, desto mehr drängt sich die Frage auf, ob nicht über neue Spielregeln dieser «Mediendemokratie» nachgedacht werden muß. Brauchen wir einen hippokratischen Eid für Journalisten? Auch das würde das Gefühl, in einer repressiven Gesellschaft zu leben, mindern.

Natürlich ist der von mir beschriebene Eindruck, die Summe der heutigen Repressalien entspreche in etwa der Summe der Repressalien in der späten DDR, subjektiv. Die Formel läßt sich mathematisch nicht belegen. Ist sie doch offensichtlich auch provokante Abwehr allzu selbstgerechter Eigenschau. Alles in allem aber sehe ich, gerade nach der neuen Erfahrung als ungefragte Bürgerin einer kriegführenden Nation, keinen Anlaß, diesen Satz zurückzunehmen.

Glimmentladung. Verwirkung 4.

Gottlob, wenigstens Heiner Geißler versteht mich. In der *Super-Illu* erklärte er unlängst: «Wir müssen den Ostdeutschen sagen: Der Kapitalismus ist genauso schlimm wie der Kommunismus, und wir stehen für einen Mittelweg zwischen Kapitalismus und Sozialismus – eben die soziale Marktwirtschaft.»

Eben die also. Von der man allenthalben hört, sie sei nicht mehr finanzierbar. Wo sind sie geblieben, die Gelder, die früher eine starke soziale Prägung in den westeuropäischen Kapitalismus brachten? Eine gerade unter Sozialdemokraten verbreitete These besagt: Die einzigen Nutznießer des Realsozialismus waren die Westeuropäer. Der Klassenkampf hatte sich in den Konkurrenzkampf der Systeme verlagert. Was es den westlichen Gewerkschaften relativ leichtmachte, ihre Forderungen bei den Unternehmern durchzusetzen. Die CIA subventionierte lieber das westeuropäische Sozialsystem als das eigene, um der Strahlkraft der Arbeiter-und-Bauern-Gesellschaft den «Glanz» zu nehmen. Bis nach Nordamerika oder Japan hat jene Strahlkraft sowieso nie gereicht. Aber in Skandinavien wurde immerhin ein eigenes Modell der sozialen Marktwirtschaft errichtet.

Dann verabschiedete sich das realsozialistische Leichtgewicht aus dem Box-Ring. Auffälligerweise war wenig später auch das schwedische Modell k. o. Und die Schwergewichte specken seither mit sichtlichen Folgen ab. Der neoliberale Gürtel wird selbst bei den Mittelgewichten enger und enger geschnallt.

Bis heute ist nicht bewiesen, ob eine wirklich soziale Marktwirtschaft ohne ein realsozialistisches Korrektiv überhaupt durchsetzbar ist.

Mindestens so gravierend wie die innenpolitische ist die außenpolitische Frage: Welche verfassungsrechtlichen und praktischen Folgen hat die Implosion des «sozialistischen Lagers» auf die explosive Materie von Krieg und Frieden?

Das einstige Gleichgewicht des Schreckens ist nun vollends zu einem schrecklichen Ungleichgewicht geworden. Die Nato hat zu ihrem 50. Geburtstag versucht, sich handstreichartig an die Stelle der UNO zu setzen. Nachdem ein Blitz-Triumph mißlang, waren die Militärs zum Siegen verdonnert. «Bewiesen wurde bisher nur eines: daß man mit dem größten Holzhammer der Welt zuletzt auch eine Nuß knacken kann.»[29] Heute die Nato-Staaten, morgen die ganze Welt ein nordamerikanisches Protektorat?

Die schwer durchschaubaren Vorgänge auf dem Balkan verbieten eine Position des Bescheid-wissen-Wollens. Aber die wichtigsten Legenden der Kriegsführer sind durchsichtig: Eine

---

29 Timothy Garton Ash, der Galtieri-Effekt, *FAZ*, 10. 6. 99

für massenhafte Akzeptanz unverzichtbare Legende lautet, es habe *keine Alternative* gegeben. Man hätte angesichts der Greuel nicht länger zusehen können. Als ob es zwischen dem 11wöchigen, dichtesten *Dauerbombardement*, mit dem je ein Land bedacht worden ist, und *Zusehen* nichts gäbe. Unmittelbar am Prozeß Beteiligte haben immer wieder betont, wie viele gewaltfreie Lösungsansätze ausgeschlagen wurden: Der Friedensplan des USA-Botschafters im Brüsseler Hauptquartier, Alexander Vershbow, sich für das Kosovo um ein UNO-Mandat für eine Schutztruppe zu bemühen, die zu gleichen Teilen von Rußland und der Nato gestellt würde, löste bereits im August 1998 in Washington wenig Begeisterung aus.

Das wird nicht verwundern, wenn man weiß, daß im selben Monat das republikanische «Policy Committee» des US-Senats lobte: «Die Planungen für eine US-geführte Nato-Intervention ins Kosovo sind nun im großen und ganzen abgeschlossen. Das einzig Fehlende scheint ein Anlaß zu sein – geeignet für eine wirkungsvolle Medienberichterstattung –, die die Intervention politisch verkäuflich macht … Daß Clinton auf einen ‹Auslöser› im Kosovo wartet, ist zunehmend offensichtlich.»[30]

Statt dessen entspannte sich die Lage im Kosovo, wie Nato-Generalsekretär Solana in einer Presseerklärung 14 Tage nach dem Holbrooke-Milošević-Abkommen vom 13. Oktober 1998 zugab: «In den letzten Tagen haben die Luftüberwachungssysteme der Nato und die diplomatischen Beobachtermissionen im Kosovo überprüft, ob Slobodan Milošević den uns gegenüber gemachten Zusagen entsprechende Taten folgen läßt. Erfreulicherweise kann ich nun berichten, daß mehr als 4000 Angehörige der Sonderpolizei aus dem Kosovo abgezogen worden sind. Polizeikräfte und militärische Einheiten, die auch unter normalen Umständen im Kosovo stationiert sind, ziehen sich nun mit

---

30 zitiert nach John Pilger, Revealed: the amazing Nato plan, tabled at Rambouillet, to occupy Yugoslavia. *New Statesman*, 17. 5. 99, S. 17

ihren schweren Waffen in die Kasernen zurück. Darüber hinaus haben die meisten Polizeikräfte und militärischen Einheiten, die normalerweise an anderen Standorten in Jugoslawien stationiert sind, das Kosovo verlassen ... Es ist uns gelungen, den Umfang der Gewaltanwendung erheblich zu verringern und einen Waffenstillstand zu erreichen, der trotz sporadischer Zwischenfälle gehalten wird. Ich fordere die bewaffneten Gruppen der Kosovo-Albaner auf, den von ihnen erklärten Waffenstillstand ebenfalls aufrechtzuerhalten ... Tausende von Vertriebenen sind in ihre Dörfer zurückgekehrt ... Trotz dieser bedeutenden Fortschritte ... haben wir heute abend beschlossen, den Aktivierungsbefehl für begrenzte Operationen der Luftstreitkräfte aufrechtzuerhalten.»

Vielleicht wäre in diesem sich bereits entschärft habenden Bürgerkrieg ein uneigennütziger «Aktivierungsbefehl für Wirtschaftshilfe» hilfreicher gewesen. Im Wohlstand läßt sich ethnische und religiöse Toleranz leichter leben. Mit dem Geld, das der Krieg gekostet hat, so haben Fachleute errechnet, hätte man jeder Familie im Kosovo ein neues Haus mit Swimming-Pool bauen können. Statt dessen kam es Ende des Jahres zu Rückfällen, insbesondere, weil die UCK die von den Serben verlassenen Stellungen einnahm und Zwischenfälle provozierte, auf die Armee und Paramilitärs unangemessen, mit brutaler Gewalt und Verbrechen reagierten, die wiederum zu neuen Flüchtlingsströmen führten. Für dieses Elend trägt wiederum allein die serbische Seite die Verantwortung.

Dennoch berichtete der amerikanische Leiter der OSZE-Mission William Walker am 28. Januar 1999 dem Ständigen Rat in Wien, seine Mitarbeiter hätten Vertrauen bei der Bevölkerung gewonnen, die Mission sei zunehmend nützlich und hilfreich und daher sei zu hoffen, daß die Mannschaft wie vorgesehen bald aufgestockt werde. Statt dessen wurde drei Tage später aus den USA gefordert, in Anbetracht drohender Nato-Militärschläge Maßnahmen zum Abzug der Friedenstruppe zu treffen.

Vertane Friedenschancen – bis zu dem Diktat von Rambouillet, dessen militärischer Teil im wahrsten Wortsinn undiskutabel war. Jemand, der Beratungen scheitern lassen will, muß genau solche Vertragsentwürfe anbieten. «Die Friedensverhandlungen waren inszeniert, und den Serben wurde gesagt: ergebt euch, und ihr werdet okkupiert, oder ergebt euch nicht, und ihr werdet zerstört.» [31]

Eine andere Legende besagt, an den hehren, uneigennützigen Motiven der USA sei schon deshalb nicht zu zweifeln, weil man ihr *keine anderen Interessen* nachweisen könne. Es gibt eine politische Naivität, die den Wald vor lauter Blättern nicht sieht. Nachdem sich die «Bedrohung aus dem Osten» in Wohlgefallen aufgelöst hat, begann man sich in Europa zu fragen, wozu man überhaupt noch eine Vormacht brauche.

Umgekehrt besteht da keinerlei Zweifel, der frühere amerikanische Präsidentenberater Zbigniew Brzezinski läßt an Deutlichkeit nichts zu wünschen übrig: «Tatsache ist schlicht und einfach, daß Westeuropa und zunehmend auch Mitteleuropa weitgehend ein amerikanisches Protektorat bleiben, dessen alliierte Staaten an Vasallen und Tributpflichtige von einst erinnern.» [32] Und daß die Nato nicht etwa ein gemeinsames Sicherheitsbündnis von Europa und den USA ist, sondern gefälligst die «Interessenvertreterin Amerikas in Europa» zu sein hat, darauf legt auch die amerikanische Außenministerin wert. Ihr Stellvertreter Talbot geht kurz vor dem Krieg noch einen Schritt weiter: «Wir sind der festen Überzeugung, daß wir sorgfältig darauf achten müssen, die Nato nicht in irgendeiner Weise einer anderen internationalen Organisation unterzuordnen, wie verdienstvoll sie auch sein mag.» [33]

Am Ende der Nachkriegsordnung ist nur ein Sieger übriggeblieben. Im UNO-Sicherheitsrat aber sitzen überholterweise

---

31 John Pilger, ebenda.
32 Zbigniew Brzezinski, Die einzige Weltmacht. Amerikas Strategie der Vorherrschaft, Weinheim/Berlin 1997, S. 92
33 Strobe Talbot, Interview in der *Zeit* vom 11. 2. 99

noch mehrere Siegermächte, ausgestattet mit dem Privileg des Vetorechts. Da wurde es höchste Zeit für eine demonstrative Machtprobe. Die vorgesehene Verabschiedung des neuen Nato-Statuts brachte Zeitdruck. Man brauchte einen Anlaß.

Der Balkan, auf dem sich westliche und östliche Interessen von jeher kreuzten, wurde von den Großmächten schon immer dafür benutzt, die Veränderung ihrer Machtverhältnisse auszuprobieren. Jugoslawien galt als antiwestlicher Unruheherd, als «Westgrenze Rußlands». Jelena Santić, eine der Führungsfiguren in der demokratischen Opposition, beschreibt die eigenen Werte so: «Ich bin für eine Mischform der Wirtschaft, für einen starken staatlichen Anteil am Eigentum. Die Menschen im früheren Jugoslawien haben relativ gut gelebt, auch soziale Errungenschaften genossen – sie wollen weiterhin einen sozialen Staat. Das traditionelle Modell des Westens ist auf uns nicht übertragbar.» [34]

Der Donauraum gilt, spätestens seit Eröffnung des Main-Donau-Kanals 1992, als geostrategischer Korridor. Da war es ärgerlich, daß Serbien die Transitwege der Donau kontrolliert. Vor drei Jahren lancierte die USA die «Southeast European Cooperative Initiative». Die Weltbank machte Kredite locker mit dem Ziel, alle Donau-Anrainer in die Marktwirtschaft zu integrieren, in die neoliberale, versteht sich. Serbien blieb störrisch und wurde von der Initiative ausgeschlossen.

Da war die ungeheuerliche Machtanmaßung in Artikel 8 des militärischen Annex des Vertragsentwurfs von Rambouillet nur folgerichtig: «Nato-Angehörige sollen sich mitsamt ihren Fahrzeugen, Schiffen, Flugzeugen und Ausrüstungen frei und ungehindert und ohne Zugangsbeschränkung in der Bundesrepublik Jugoslawien inklusive ihres Luftraumes sowie ihrer Territorialgewässer bewegen können.» Daß sie dabei «Immunität vor jeder Form von Festnahme, Untersuchung oder Verhaftung durch die

---

34 Die Grande Dame der jugoslawischen demokratischen Opposition, Interview mit Jelena Santić im ND vom 15./16. 5. 99

Behörden der Bundesrepublik Jugoslawien» genießen sollten, war selbstverständlich.

Eine Studie des Institutes für Internationale Politik der Hamburger Bundeswehruniversität verrät Herrschaftswissen: «Der Einsatz militärischer Kräfte der Nato in Kosovo wiederum ohne Legitimierung durch den UN-Sicherheitsrat ... wird als Präzedenzfall für mögliche künftige Einsätze im unmittelbaren Vorfeld Rußlands gewertet, etwa im Kaukasus, ... wo in der Auseinandersetzung um die Erdölressourcen in der kaspischen Region und die Nutzung bzw. die Verlegung von Pipelines ein heftiger Konkurrenzkampf zwischen westlichen und russischen Ölkonzernen bzw. Washington und Moskau im Kontext strategischer Interessen entbrannt ist.»

Zur «Strategie der Vorherrschaft» gehört die Gewöhnung an eine Nato, die nicht mehr nur die eigenen Grenzen verteidigt, sondern weltweit für den ungehinderten Zugang zu Rohstoffen, Kapital und Arbeitsmärkten sorgt. Die Industrie Restjugoslawiens ist jedenfalls restlos zerstört. Auch deutsche Firmen beanspruchen Aufbau-Aufträge über mehrere Milliarden Mark. Wie schön, werden wir doch so alle erstmalig in diesem Jahrhundert, kurz vor Toresschluß, zu Kriegsgewinnlern. Die Autofabrik *Zastava* ist zerbombt – VW, übernehmen Sie!

Mutter Courage: «Wenn man die Großkopfigen reden hört, führens die Krieg nur aus Gottesfurcht und für alles, was gut und schön ist. Aber wenn man genauer hinsieht, sinds nicht so blöd, sondern führn die Krieg für Gewinn.»

Die allerschönste Legende besagt, dieser Krieg war ein *Sieg der Menschenrechte*. In Gestalt ihrer Menschenrechts-Charta soll die UNO, ohne zu wissen, wie ihr geschieht, doch noch gesiegt haben. Über das veraltete Völkerrecht und das nicht minder fragwürdige Selbstbestimmungsrecht der Nationen. Als Menschenrechts-Patriotin wäre mir nichts lieber als das. Aber als selbige frage ich mich, wie die Befürworter des Bombenterrors den Begriff «Menschenrechte» überhaupt noch über die Lippen bringen. Angesichts ungezählter ziviler Opfer, gerade auch unter den Kosovo-Albanern. Angesichts tausender uranhaltiger Geschosse in dichtbesiedelten Gebieten. Angesichts der den ganzen Balkan bedrohenden Chemiekatastrophe, die durch die mehrfache Bombardierung der nördlich von Belgrad gelegenen petrochemischen Werke ausgelöst wurde. Erhöhte Dioxin-Werte selbst in Österreich und Ungarn lassen nur ahnen, welche Mengen von verbranntem Vinylchlorid und ausgetretenem Quecksilber in die Luft, das Grundwasser und die nahe Donau gelangten, auf der ein kilometerlanger Teppich von Öl und toten Fischen in Richtung Schwarzes Meer treibt, die Kühlanlagen von Atomkraftwerken in Bulgarien und Rumänien gefährdend.

Was für eine bizarre Idee, das Elend der zu Beschützenden beenden zu wollen, indem man es vergrößert. Nach der Bomben-Eskalation, gegen die es keine Abwehr gab, wurde der militärisch völlig unterlegene Gegner unter Zugzwang gesetzt, wie die CIA zuvor gewarnt hatte. Er mußte zur «Flüchtlingswaffe» greifen, um die Aufmarschgebiete für eine Panzeroffensive zu verstopfen, um flächendeckende Streubomben zu verhindern und ein Faustpfand für Verhandlungen zu behalten. «Was der unterlegenen Seite an Technik fehlt, muß sie durch traditionelle Barbarei zu kompensieren suchen. Diese Barbarei liefert der High-Tech-Seite die dringend benötigten Massaker-Bilder mit Verstümmelungen, mit denen sie die Akzeptanz für ihre eigenen High-Tech-Massaker herstellt und aufrechterhält.»[35]

Jürgen Link stellt die naheliegende Frage, ob die Nato diese voraussehbare Eskalation zu großflächiger Massenvertreibung und beiderseitigen Massakern in ihren Szenarien vorher simuliert hat. «Wenn nicht, würde es von mangelnder Intelligenz und Professionalität zeugen.» Zwar wäre es nicht gerade beruhigend, das Waffenarsenal mit der weltweit größten Vernichtungskraft in unintelligenten und unprofessionellen Händen zu wissen. Aber immer noch besser, als die andere Konsequenz zu Ende zu den-

---

35 Jürgen Link, Der diskrete Krieg der Profis, *Frankfurter Rundschau*, 18. 6. 1999, S. 12

ken. Denn wenn die Nato die voraussehbare Eskalation des Terrors in ihren Planungen billigend in Kauf genommen haben sollte, wäre sie eher eine kriminelle Vereinigung als eine Menschenrechtsverfechterin.

Sinnstiftungs-e. V. Erwägung o.

Kann es denn sein, daß im Fall Kosovo die ältesten Demokratien der Welt, aus deren Rechts- und Politikentwicklung das moderne Völkerrecht hervorgegangen ist, dabei sind, sich in eine Art kriminelle Vereinigung zur Zerstörung desselben zu verwandeln? So fragte schon im Dezember 1998 die Redaktion der renommierten *Blätter für deutsche und internationale Politik*. Soviel politisch motivierter Bruch positiven Rechts war noch nie in den letzten 50 Jahren. Weil niemand mehr da ist, der etwas dagegen tun kann?

Das *Neo-Gewissen* behauptet, wir hätten nur die Wahl zwischen zwei Arten von Schuld gehabt. Schuldig werden durch Bomben oder schuldig werden durch Nichtbomben. Wenn es möglich ist, schuldig zu werden, allein indem man sich an die geltenden Gesetze hält, ist mit einem Schlag die gesamte Rechtsordnung in Frage gestellt.

Die Frage, ob wir *in guter Verfassung* sind, verlangt, so unerquicklich das sein mag, sich die wichtigsten Verstöße noch einmal zu vergegenwärtigen. Zunächst war bereits der Versuch, die Unterzeichnung des Diktates von Rambouillet durch die Drohung mit einem Luftkrieg zu erzwingen, ein Verstoß gegen das Wiener Übereinkommen über das Recht der Verträge. Artikel 52: «Ein Vertrag ist nichtig, wenn sein Beschluß durch Androhung von Gewalt ... herbeigeführt wurde.»

Nach Fehlschlagen der unlauteren diplomatischen Aktivitäten begann der Krieg. Nach dem völkerrechtlich wirksamen Briand-Kellogg-Pakt besteht nur das Recht auf Selbstverteidigung, Krieg als Mittel zur Lösung internationaler Streitfälle wird verurteilt. Dieser Grundsatz prägt alle internationalen Verträge und nationalen Verfassungen. Egon Bahr: «Das Grundgesetz bestimmt die Streitkräfte ausschließlich zur Verteidigung. Dies war auch der Stolz der Nato und der WEU während des kalten Krieges: Beide würden nur im Verteidigungsfall, also bei einem Angriff auf das Territorium der Bündnispartner wirksam ... Die Verfassung ist wichtiger als das Bündnis. Insofern wird sich der um den Staat verdient machen, der den Verfassungsbruch nicht zuläßt.» [36]

Dieter S. Lutz, der von Egon Bahr das Hamburger Institut für Friedensforschung und Sicherheitspolitik übernommen hat, bleibt in dieser Logik: «Die Luftangriffe der Bundeswehr gegen Jugoslawien sind mit der Verfassung der Bundesrepublik Deutschland nicht vereinbar. Sie verstoßen insbesondere gegen Artikel 26 (‹Verbot eines Angriffskrieges›) und Artikel 25 (‹Beachtung des Völkerrechts›). Menschenrechte besitzen eine zivile Logik: Menschen und ihre Rechte dürfen nicht im Namen der Menschenrechte mit militärischen Mitteln verletzt oder vernichtet werden.» [37]

Ted Galen Carpenter, Vizepräsident für verteidigungs- und außenpolitische Studien am konservativen Cato Institute in Washington, erlaubt sich einen viel schärferen Ton: «Präsident Clintons Angriff auf Serbien ist eine abscheuliche, beschämende Aggression ... Der Krieg gegen Serbien ist aus strategischen, rechtlichen und moralischen Gründen verantwortungslos. Serbien ist das vierte Land, das Clinton in den letzten sieben Monaten bombardiert hat. Dies ist der Rekord einer kriegslüsternen Regierung, die Amerika zum Weltpolizisten machen möchte.» [38]

---

36 Egon Bahr, Die Verfassung steht über dem Bündnis, in: Deutsche Soldaten weltweit?, Reinbek 1993, S. 58

37 Dieter S. Lutz, Das Faustrecht der Nato. In: Krieg im Kosovo, Reinbek 1999, S. 236

38 Ted Galen Carpenter, U.S. doesn't belong in Kosovo, *USA today*, 16. 3. 99

Natürlich ist es nicht nur legitim, sondern angesichts dieser Welt sogar geboten, darüber nachzudenken, ob man nicht zum Schutz der Menschenrechte eine Art Weltpolizei braucht. Diese müßte aber tatsächlich von der gesamten Weltgesellschaft gestellt werden, was eine Weltinnenpolitik voraussetzen würde. Denkbar ungeeignet für diese Aufgabe sind alle Teilbündnisse einzelner Nationen, denn sie müssen eigene Verluste ohne Rücksicht auf die Gegenseite minimieren. Eine den Menschenrechten verpflichtete Weltpolizei aber darf unter den Opfern keine Werthierarchien zulassen. Ein Freund-Feind-Denken muß ihr fremd sein.

Auch Ex-Präsident Jimmy Carter, der seit Jahren ein Friedenszentrum leitet, beklagt die Doppelmoral: Man könne Afrika vom Roten Meer im Nordosten bis zum Atlantik im Südwesten durchqueren, ohne jemals friedliches Territorium zu betreten. In dem Bürgerkrieg zwischen Eritrea und Äthiopien seien in jüngster Zeit 50000 Menschen ums Leben gekommen, ohne daß dies jemanden geschert hätte. Seien aber weiße Europäer betroffen, gäbe man vor, verpflichtet zu sein. «Das vermittelt sehr stark den Eindruck von Rassismus.» [39]

Teilbündnisse wie die Nato sind als Weltpolizei unglaubwürdig, weil sie immer unter dem Verdacht stehen, ihre Angriffe seien nur moralisch verbrämte Verteidigungen eigener Machtinteressen. Die Moral ist ein Ding, das per Definitionshoheit immer auf der eigenen Seite ist. Deshalb ist ein UN-Mandat eine absolut unverzichtbare Voraussetzung. Ob es statt des Sicherheitsrates nicht auch die Generalversammlung geben könnte, darüber wäre zu verhandeln.

Mit der Beteiligung an einem selbstmandatierten Krieg verstößt die Bundesregierung gegen die UN-Charta, gegen die UNO-Völkermordkonvention, gegen das Umweltkriegsverbot

---

39 Jimmy Carter, Have We Forgotten The Path To Peace? *New York Times*, 27. 5. 99

der Genfer Konvention, gegen das OSZE-Vertragswerk von Helsinki, gegen den Nato-Vertrag, gegen den 2 + 4-Vertrag, gegen das Grundgesetz, gegen das Strafgesetzbuch, gegen das deutsche Soldatengesetz, gegen die Wahlprogramme von Rot («Die Mitwirkung der Bundeswehr hängt strikt von einem UN-Mandat ab») und Grün («Militärische Friedenserzwingung und Kampfeinsätze lehnen wir ab») und gegen die Koalitionsvereinbarung («Die neue Bundesregierung wird sich aktiv dafür einsetzen, das Gewaltmonopol der Vereinten Nationen zu bewahren»).

Was war ganz und gar Außerordentliches geschehen, das all das über Nacht außer Kraft setzte? Vasallen hatten einen Geburtstagswunsch zu erfüllen.

Wer soll jemals noch Versprechungen von Politikern glauben? Die Freiheit des Gewissens ist ein hohes Gut, denn sie erlaubt, sich neuen, für verbrecherisch gehaltenen Befehlen zu entziehen. Dazu gehört das Grundrecht auf Kriegsdienstverweigerung. Aber man kann das Gewissen nicht bemühen, rückwirkend demokratisch verabschiedete Gesetze und Verträge abzulehnen, die sich seit Jahrzehnten in der Völkergemeinschaft bewährt haben. Auch das Gewissen unterliegt dem Rückwirkungsverbot. Sonst ist politischer Willkür Tür und Tor geöffnet. Wer das Völkerrecht für überholt hält, muß dafür sorgen, daß es auf legitime Weise verändert wird. Das ist mühsam, aber alles andere ist Faustrecht.

Die Eigenermächtigung zu Gewalt zerstört das Wesen jedes Rechtsverhältnisses selbst. Die Vernachlässigung des Rechtes im Namen der Moral ist totalitär. Wer den Stalinismus erlebt hat, weiß das. «Wer schützt uns vor der normativen Inkompetenz unserer Regierungen, wenn es das Recht nicht mehr kann?»[40] Die angemaßte Kompetenz zum Rechtsbruch ist das untrügliche Stigma eines Unrechtsstaates. Geopfert wird das Vertrauen in die Demokratie.

---

40 Reinhard Merkel, Das Elend der Beschützten, *Die Zeit* Nr. 20, 12. 5. 99 S. 10

Die beinahe stoische Ergebenheit, mit der die Gegner dieses Krieges dem Treiben wie gelähmt zugesehen haben, war für mich ein Indiz dafür, daß sich der vielbeschworene Verfassungspatriotismus enttäuschenderweise doch sehr in Grenzen hält. Ermutigend war immerhin das auch international zunehmende öffentliche Unbehagen über die Unangemessenheit und Erfolglosigkeit der «Luftschläge». Die augenfällige Sinnlosigkeit dieser Strategie hat schließlich die UNO (in Gestalt von Russen) wieder ins Boot holen müssen.

Man stelle sich vor, was passiert wäre, wenn die Serben nach den ersten Bomben tatsächlich bedingungslos kapituliert hätten. Welch ein Jubel, welch eine Legitimierung, welch ein Nato-Statut für die nächsten 50 Jahre!

«Die Gemeinschaft demokratischer Staaten», in deren Namen die Nato ständig glaubt sprechen zu müssen, hat einen fatalen Rückfall ins archaische Naturrecht praktiziert. Was, wenn sich der Rest der Welt (neun Zehntel aller Staaten sind keine Nato-Mitglieder) dieser verantwortungslosen Praxis anschließt? Dieser Krieg hat die mühsam errungene Zivilisation am Ende des Jahrhunderts beschädigt. Der Preis für die «Erziehung eines Irren» ist zu hoch. Es zahlen ihn die Völker, deren Menschenrechte angeblich verteidigt werden.

Mäander. Zusatzprotokoll VI.

Ich weiß, mit solchen und ähnlichen Äußerungen übertreffe ich die schlimmsten Befürchtungen all derer, die mir schon immer mißtrauten. Freiwillig liefere ich Dutzende Belege dafür, wie begründet ihre Vorbehalte sind. Das ist entgegenkommend von mir, meine Art von Friedenspfeife. Eine allerdings belanglose Geste, die niemanden von der drängenden Frage entbindet: Wieviel Kritik braucht die Demokratie?

Mehr als jetzt. Zweifellos. Ein Trugschluß wäre aber wohl die Formel: Je mehr Kritik, desto mehr Demokratie. Denn hier geht es nicht um Quantität, sondern um Qualität. Eine Atmosphäre, in der systemkritische Überlegungen geächtet werden, kennen wir Ostdeutschen bis zum Überdruß. (Dafür sind wir nicht auf die Straße gegangen, sagt Tante Elsbeth, Hühnerbrüste, die sie für belgische hält, zum Wegwerfen in eine Super-Illu wickelnd.) Heute hätte Kapitalismuskritik allen Grund, gesellschaftsfähig zu werden. Das Diskreditieren von begründeter Kritik als Beschmutzung, gar als Haß, ist reine Apologetik und verkennt, daß sich den Mühen und Risiken der Auseinandersetzung nur aussetzt, wer sich der Gesellschaft verbunden genug fühlt, sie verbessern helfen zu wollen.

Gebraucht wird ein Disput, der wirkliche Veränderungen ermöglicht, im Sinne ursprünglicher Freiheitsideale. Dabei läuft die *östliche Diskussion* oft konträr zum *westlichen Diskurs*. Auch mir ist nicht entgangen, daß eines der stärksten, zuverlässigsten Motive der Egoismus ist. Schon vor 25 Jahren schrieb ich einen Text mit dem Titel: Lob des Egoismus.[41] Den Eigennutz der Menschen sich so entfalten zu lassen, daß er dann am gewinnbringendsten ist, wenn er gleichzeitig für möglichst viele andere nützlich ist, bleibt dennoch in der kapitalistischen Marktwirtschaft ein Ideal, das permanent an sittliche, ökologische und soziale Barrieren stößt.

Insofern kann ich etwa mit der Freiheitsdefinition von Ekkehart Stein, dessen Thesen zur Demokratisierung der Marktwirtschaft mir so einleuchtend waren, rein gar nichts anfangen: «Das Recht, die persönlichen Interessen nach eigenem Gutdünken, also autonom, zu verfolgen, macht den Inhalt der Freiheit aus. Indem die Marktwirtschaft die autonome Verfolgung eigener Interessen ermöglicht, verwirklicht sie somit Freiheit.»[42] Für mich gilt der Umkehrschluß: Die Möglichkeit, die persönlichen Interessen nach eigenem Gutdünken, also autonom, zugunsten allge-

41 in Daniela Dahn, «Spitzenzeit», Halle 1980, S. 12 ff
42 Ekkehart Stein, ebenda S. 21

meiner Interessen zurückzustellen, unterscheidet uns von Raubtieren und macht den Inhalt von Freiheit aus.

In der DDR hatte man die Klassiker verinnerlicht. Engels schrieb bei Hegel ab, und der bei Goethe: «Freiheit ist das Vermögen, unter allen Umständen das Vernünftige zu tun.» Das Vernünftige ist nicht das Gewinnbringendste. Das Gewinnbringendste ist aber im Kapitalismus das persönliche Interesse. Das Vernünftige ist also nicht das persönliche Interesse.

Bei Strafe seines Unterganges muß im Kapitalismus jeder darauf achten, soviel wie möglich für sich herauszuschlagen. Wer seinen Konkurrenten nicht bekämpft, wird selbst bekämpft. (Deshalb wird das 3-Liter-Auto seit Jahren zurückgehalten, Sozialwohnungen werden kaum gebaut, dringende ökologische und bildungspolitische Erfordernisse unterlaufen. Familien werden genötigt, sich ins Auto zu setzen, weil der Zug teurer ist. Jeder muß mehr konsumieren, als er braucht, will er seine möglichen Steuerabschreibungen ausschöpfen.) Das System ermöglicht es nicht, das Vernünftige zu tun. Es verlangt die Einsicht in die Notwendigkeit marktkonformen Verhaltens. Hannah Arendt hat das herrschende Freiheitsideal als das Ideal einer «Freiheit von der Politik», nicht einer «Freiheit für die Politik» charakterisiert. Wer sich, möglichst unpolitisch, für Konsum und Selbstverwirklichung entschieden hat und dabei zu Geld kommt, kann sich wirklich grenzenlos frei fühlen. Doch im Grunde hat er nur die Freiheit, das System zu stabilisieren. (Die hatte man im Sozialismus allerdings auch.)

Das Bedürfnis, vernünftig, also altruistisch handeln zu wollen, ist die zivilisierte Form des Egoismus. Wer gezwungen wird, im rohen Sinn egoistisch zu sein, ist nicht frei. Oder umgekehrt: Das Reich der Freiheit beginnt dort, wo man für die Überwindung seines Egoismus nicht bestraft wird.

Davon sind wir weit entfernt. Wir sind nicht in guter Verfassung, obwohl wir eine gute Verfassung haben. Wie also ließe sich die Verfaßtheit der Gesellschaft auf Grundgesetzniveau bringen?

In der repräsentativen Demokratie müssen endlich die zu Repräsentierenden gestärkt werden, nicht immer nur die Repräsentanten. Politiker sind konsequenter auf ihre Verfassungstreue zu überprüfen. Das Medium Zuschauer muß vor dem paralysierenden Mainstream bewahrt und deshalb die Medien vom Primat des Kommerzes befreit werden. Die Wirtschaft braucht eine Demokratisierung, die den repressiven Druck von den Menschen nimmt. Dem käme entgegen, wenn sich die Auffassung durchsetzte, nach der auch soziale Menschenrechte im Kern individuelle Grundrechte sind. Die theoretischen Anstrengungen zur Beschreibung des 3. (oder x.) Weges sind zu verstärken und dürfen Eingriffe in das Privateigentum nicht von vornherein tabuisieren. Dieser Weg muß mit Dämmen vor Oligarchie, Lobbyismus und Korruption geschützt werden. Die Kommunikation von Geist und Macht wäre zu beleben mit dem Ziel, dem Druck von unten Einsicht von oben folgen zu lassen. Die Justiz braucht Respekt, aber keinen Heiligenschein. Das Strafrecht und die Polizeipraxis sind zu liberalisieren, die gleichmacherischen Klischees von Links- und Rechtsextremismus zu differenzieren. Gewalt und Krieg als Mittel der Politik sind zu ächten. Die Menschenrechte verteidigenden Internationalen Brigaden werden von einer Weltgesellschaft beauftragt. Die Demokratie läßt so viel Kritik zu, daß sie in der Lage ist, Freiheit zu gewährleisten.

Ich beharre darauf, daß derartige Wünsche weder naiv noch romantisch, weder utopisch noch undurchsetzbar sind. Ein aussichtsloses Beharren. Was bleibt, ist die Beckettsche Lebensmaxime:

> Immer scheitern.
> Weiter scheitern.
> Besser scheitern.

Detlev Lücke

Wer hat Angst vor Daniela Dahn?

Als «Schutzheilige der Unaufgeklärten» hat Joachim Gauck
unlängst Daniela Dahn bezeichnet. Eine merkwürdige Ti-
tulatur, die der Bundesbeauftragte für die Verwaltung der Stasiakten der von ihm offensichtlich ungeliebten Schriftstellerin da
verliehen hat. Die geschraubte Formulierung macht beispielhaft
deutlich, wie verkrampft der Umgang der Ostdeutschen unter-
einander zehn Jahre nach der Wende ist. Es geht um die Defini-
tion dessen, was im Herbst 1989 verschwand, und es geht um
den aktuellen politischen Umgang mit dem komplizierten Erbe
der untergegangenen Republik. Die Unaufgeklärten der Ex-
DDR, um noch einmal die Gaucksche Formulierung zu benut-
zen, scheinen sich um Daniela Dahn zu sammeln, während ein
Fähnlein aufrechter Bürgerrechtler den Weg in die neue Freiheit
angetreten hat – was immer man darunter verstehen mag. Es ist
ja richtig, daß aus der Mitte der Gesellschaft eine Unlust am Politischen entstanden ist, aber über die Gründe für diese Verwei-
gerungshaltung läßt sich trefflich streiten.

Das, was von Oktober bis Dezember 1998 bei der mißglück-
ten Kandidatur Daniela Dahns für den Posten einer Verfassungsrichterin im Land Brandenburg geschehen ist, muß in diesem
Zusammenhang als ein Lehrstück an Manipulation und Mei-
nungsmache gegen eine Kandidatin, aber auch als resolute
Selbstbehauptung einer integren Schriftstellerin angesehen werden, die sich sogar den gefährlichen Vorwurf gefallen lassen
mußte, nicht auf dem Boden des Grundgesetzes zu stehen. Woher rührten dieser plötzliche Haß und die wortreiche Angst vor

einer Frau, deren kritischer Rat bei den Foren der Ost-SPD ebenso gern in Anspruch genommen wird wie beim Willy-Brandt-Kreis der SPD, dessen stellvertretende Vorsitzende sie ist? Woher dieser emotionale Protest gegen die Verfassungsgerichtskandidatin der PDS, von der Brandenburgs Kulturminister Steffen Reiche bei ihrer ersten Anhörung für das Amt meinte, ihm tue es nur leid, daß er Daniela Dahn nicht als SPD-Kandidatin vorgeschlagen habe, denn sie sei ja gewissermaßen «eine von uns»?

Anfangs schien alles klar zu sein. Die Autorin hatte von CDU und SPD signalisiert bekommen, daß die Mehrheit der beiden brandenburgischen Parlamentsfraktionen für die Wahl der PDS-Kandidatin zur Verfassungsrichterin sicher sei. Doch dann erhob der SPD-Abgeordnete Andreas Kuhnert, ein Pfarrer und ehemaliger Bürgerrechtler aus Lehnin, mit einem Brief an seine Fraktionskollegen den schwerwiegenden Vorwurf, daß sich Daniela Dahn im Waldheim-Kapitel ihres Buches «Vertreibung ins Paradies» «ganz offen und demonstrativ außerhalb von Grundprinzipien des Rechtsstaates» stelle und deshalb als Verfassungsrichterin «gänzlich ungeeignet» erscheine. Kuhnert, der Dahns neuestes Buch offensichtlich nur flüchtig gelesen hatte, bezog sich in seinem Brief außerdem auf ein Zitat, wonach die Schriftstellerin gesagt haben sollte, die BRD sei nicht ihr Problem, sie langweile sie, weil sie nichts mit ihr zu tun habe. Sie lasse sie gleichgültig, weil sie nicht daran glaube, sie verändern zu können. Wer Daniela Dahn ein wenig näher kennt, mußte stutzig werden. Ein hartnäckiger, geradezu insistenter Mensch wie sie sollte resignieren, weil er nicht an die Veränderbarkeit von Verhältnissen glaubte? Warum sollte so jemand für den Posten eines Verfassungsrichters kandidieren? Aus schriftstellerischer Neugier?

Der Brief war raus, die Medien bissen an, Daniela Dahn dementierte. Kurz darauf erklärte der unglückliche Pfarrer Kuhnert, der in DDR-Zeiten Daniela Dahn «ob ihres Mutes bewundert» und zu einer Lesung vor seinem Kirchenvolk eingeladen hatte, daß er falsch Zeugnis geredet habe, indem er inkorrekt zitierte. Er bekannte, daß das, was er Daniela Dahn untergeschoben hatte, von einem Dritten stammte, daß sie in ihrem Waldheim-Text Beobachtungen aus dem Prozeß gegen die einstige Richterin, die heute achtzigjährige Irmgard Jendretzky, aufschrieb, die literarisch geformt (wie auch sonst bei einer Schriftstellerin?) und nicht fachjuristisch gemeint waren, und daß deshalb rechtsstaatliche Prinzipien nicht in Frage gestellt worden seien.

Nach diesem Kniefall desjenigen, der den Streit um Daniela Dahn in Gang gesetzt hatte, hätte einer weiteren Anhörung der Kandidatin und ihrer anschließenden Wahl eigentlich nichts mehr im Wege stehen dürfen. So stellte auch Brandenburgs Ministerpräsident Manfred Stolpe für seine Partei grundsätzlich Zustimmung in Aussicht. Aber es scheint schwer zu sein, ein einmal gelegtes Feuer wieder zu löschen. Zumal der Pressechef der SPD-Fraktion, Ingo Decker, nachgelegt und sechs Seiten mit insgesamt 38 Zitaten aus Schriften Daniela Dahns zusammengestellt hatte – zur «internen Verwendung» –, die schnell ihren Weg zu interessierten Medien fanden. Sie tauchten anschließend in zahlreichen deutschen Zeitungen auf, vom *Spiegel* über *Focus* bis zur *Zeit* und *Süddeutschen Zeitung*. Doch kaum ein Journalist schien über genügend Zeit zu verfügen, die Zitate und ihren Kontext zu überprüfen. So konnte man bis zum Überdruß die unhaltbare Behauptung lesen, daß Daniela Dahn Mauertote im Osten gegen Verkehrstote im Westen aufgerechnet habe, daß sie gesagt habe, die Summe der Repression in allen Systemen sei gleich, daß sie «eine stramme Parteisoldatin» gewesen sei beziehungsweise «daß die wilde neue Frau allerdings bis 1989 ein recht braves SED-Mitglied war». Als ob einer beim anderen die inkriminierenden Sätze abschrieb, die der Monomane Decker als Schutzheiliger der Aufgeklärten montiert hatte.

Die Stimme derjenigen, die sich für Daniela Dahns Wahl einsetzten, von Günter Grass bis Günter Gaus, von Erhard Eppler bis Egon Bahr, von Christoph Hein bis Christa Wolf, schienen der Ablehnungsfront erst recht Beweis zu sein für die Richtigkeit ihres Tuns und die Berechtigung dessen, was Joachim Gauck Daniela Dahn direkt vorwarf: Sie stütze eine deutsche Sonderweg-Mentalität. Vielleicht macht dieser Vorwurf deutlich, warum ausgerechnet Daniela Dahn derart vehement auf ihre Verfassungstreue befragt wurde. Die Mitbegründerin des Demokratischen Aufbruchs, einer Partei der Wende, zu deren Gründungsmitgliedern auch Rainer Eppelmann und Friedrich Schorlemmer gehörten, die Angehörige des Unabhängigen Untersuchungsausschusses aus dem Herbst und Winter 1989 gegen die Willkür von Polizei und Stasi bei den Berliner Demonstrationen am 8. und 9. Oktober, hat sich offensichtlich durch ihre radikaldemokratische Haltung verdächtig gemacht. So daß es kein Zufall ist, wenn der ehemalige Braunschweiger Oberlandesgerichtspräsident Rudolf Wassermann in einem Kommentar der *Neuen Juristischen Wochenschrift*, Heft 2, 1999, schrieb: «Die Einsicht, daß die Mitgliedschaft im Verfassungsgericht eine besondere Eignung erfordert, die nicht durch schriftstellerische Erfolge mit polemischen Büchern ersetzt werden kann, blieb ihr verwehrt.» Sie habe kein positives Verhältnis zur verfassungsmäßigen Ordnung. Es könne nicht jeder «quivis ex populo» dieses Amt besetzen, auf deutsch, ein Irgendjemand aus dem Volk. Wassermann leitete 1976 ein Disziplinarverfahren gegen einen Richter ein, der darüber informiert hatte, daß der damalige niedersächsische Justizminister Hans Puvogel (SPD) im Dritten Reich zur «Ausrottung und Ausmerzung aller Minderwertigen» aufgerufen hatte. Wassermann, der anschließend als Vorsitzender der Arbeitsgemeinschaft Sozialdemokratischer Juristen zurücktreten mußte, duldete keinerlei Erinnerung an die NS-Vergangenheit bundesdeutscher Politiker. Um so erstaunlicher, daß dieser Jurist, der noch bis in die jüngste Zeit Mitglied des Verfassungsgerichtes von Niedersachsen war, vor der Enquete-Kommission zur «Aufarbeitung der SED-Diktatur» einen «kreativen» Ansatz in der Rechtsanwendung forderte, um noch mehr SED-Funktionäre strafrechtlich zu belangen.

Es scheint, daß hier kräftig mit zweierlei Maß gemessen wurde und daß die Summe engagierter Vergangenheitsaufarbeitung leider überhaupt nicht gleich ist, um ein Wortbild von Daniela Dahn aufzugreifen. Die hatte in ihrem Text über die Waldheim-Prozesse von 1950 lediglich zu verstehen gegeben, daß auch in zahlreichen anderen europäischen Ländern Verfahren gegen Nazi-Kollaborateure von den Opfern kaum sine ira et studio geführt werden konnten. Ihr Text ist eine Analyse des damaligen Rechtsempfindens jener Völker, die unter der deutschen Besetzung gelitten hatten. Und sie stellt fest, daß eine emotionsfreie Rechtsprechung nahezu ausgeschlossen war, ohne jedoch diesen Tatbestand prozessual zu rechtfertigen. Der brandenburgische Justizminister Hans-Otto Bräutigam soll diese Auffassung Daniela Dahns als «juristisch verheerend» bezeichnet haben. Fand er ähnlich starke Worte dafür, daß in Nachkriegswestdeutschland die meisten Richter am Volksgerichtshof weiter in Amt und Würden blieben, daß kein einziger dieser NS-Juristen, die 50000 Todesurteile zu verantworten hatten, auch nur mit einer Bewährungsstrafe rechnen mußte? Unrecht läßt sich nicht aufrechnen, aber es läßt sich definieren. Offenbar ist Daniela Dahn zum Vorwurf gemacht worden, daß sie angesichts gravierender Unverhältnismäßigkeiten in der Aufarbeitung der Geschichte Verhältnismäßigkeit angemahnt hat.

Auch in ihrem Fall erweist sich, daß es sehr unterschiedliche Gründe gab, gegen die DDR zu sein. Ein gemeinsamer Gegensatz existierte wohl lediglich in den kurzen Wochen des 89er Wendeherbstes. Solche Gemeinsamkeiten waren aber mit dem Sturz des SED-Politbüros rasch verbraucht. Die Aufarbeitung des Geschehenen ging sehr verschiedene Wege. So mutet es ein wenig seltsam an, wenn diejenigen, die die Proteste gegen Daniela Dahn organisierten, beispielsweise die Brandenburger Initiative von Bürgerinnen und Bürgern, die Dahns moralische Kompetenz für das Amt anzweifelten, als Bürgerrechtler bezeichnet werden.

Überraschend wirkt in diesem Zusammenhang die in einem

Leserbrief getroffene Feststellung der Potsdamer Autorin Gabriele Schnell, die zu den Unterzeichnern des öffentlichen Protestes gegen Dahn gehörte, daß die Bürgerinitiative «über keinerlei Macht» verfüge. Koordiniert wurde deren Arbeit schließlich über die Potsdamer Außenstelle der Gauckbehörde, der man gewiß vielerlei Formen von Macht zugestehen kann: moralische, definitorische, organisatorische. Und woher kam die Adressenkartei des «Arbeitskreises ehemaliger politischer Häftlinge der früheren DDR», an deren Mitglieder das Potsdamer Literaturbüro vorgedruckte Briefe an den Präsidenten des Brandenburgischen Landtages zur Unterstützung ihrer Initiative verschickte, mit der Drohung, die Wahl der Autorin «wäre eine Schande für die deutsche Bundesrepublik»? Ein Literaturbüro, das Daniela Dahn noch vor zwei Jahren zu Lesungen eingeladen hatte und für sie mit den Worten warb: «Die Streifzüge der Autorin durch den Einheitsalltag wollen polarisieren und gegenseitige Dämonisierungen erkennbar machen.»

Und auch ein Brief von Benno Prieß vom «Waldheim-Kameradschaftskreis, Opfer kommunistischer Gewaltherrschaft» an den Brandenburger SPD-Fraktionsvorsitzenden Wolfgang Birthler, in dem behauptet wird: «Von den damals Verurteilten sind nur sehr wenige als wirkliche Nazis zu bezeichnen, meist Mitläufer, denen ein Verbrechen nicht nachgewiesen wurde» – und deshalb klar Stellung gegen die Wahl Daniela Dahns bezogen wird. Der Briefschreiber schließt mit einem durchaus drohenden Unterton: «Wir werden die Geschehnisse um Frau Daniela Dahn sehr genau verfolgen und hoffen auf eine für uns zufriedenstellende Lösung.»

Liegt Daniela Dahn mit ihren Gedanken zur Geschichte der Waldheimer Prozesse so außerhalb des öffentlichen Diskurses? Warum wird ihr gerade dieser Text, der den mangelnden Rechtscharakter der Prozesse nicht verschweigt, derart massiv zum Vorwurf gemacht? Es hat wohl etwas zu tun mit den Zäsuren deutscher Geschichte dieses Jahrhunderts, mit den Jahren 1918, 1945 und 1989, deren Bewertung noch immer sehr unterschiedlich ist. Daniela Dahn verweigert sich einfachen Erklärungsmustern und wird deshalb an den öffentlichen Pranger gestellt. Wobei sich ihre ostdeutschen Fürsprecher und Gegner nur mühsam gegeneinander in Stellung bringen lassen. Die Gleichung, hier die mutigen Streiter für das demokratische Rechtsbewußtsein seit den Tagen der DDR-Diktatur, dort die verlogenen Apologeten des Sozialismus, geht leider nicht auf. Dafür nur einige Namen: Für Daniela Dahn haben sich unter anderen Friedrich Schorlemmer, Christoph Hein, Hans-Jürgen Fischbeck und Hans Misselwitz ausgesprochen. Schorlemmer, der Friedenspreisträger des Deutschen Buchhandels von 1993, hat 1981 in Wittenberg die Aktion «Schwerter zu Pflugscharen» initiiert, Christoph Hein hat auf dem DDR-Schriftstellerkongreß 1987 eine außerordentlich mutige Rede gegen die Zensurpraxis der ostdeutschen Literaturfunktionäre gehalten, Hans-Jürgen Fischbeck hat zusammen mit Walter Romberg die friedenspolitische Arbeit der Kirche auch gegen die Nachrüstung des Warschauer Paktes geleitet, Hans Misselwitz organisierte zusammen mit seiner Frau Ruth den legendären Pankower Friedenskreis gegen die Militarisierung des Denkens in der DDR. Das Gut-Böse-Schema greift nicht.

Zu den Hauptakteuren gegen Daniela Dahn gehörte die Potsdamer Schriftstellerin und Leiterin des Literaturbüros Sigrid Grabner. In einem Offenen Brief an ihre Schriftstellerkollegen hatte sie am 9. November 1989 im *Sonntag* geschrieben: «Wir, die wir Mitglieder der SED waren und / oder sind, können uns jetzt drehen und wenden, so viel wir wollen: Die Verantwortung für das, was in unserem Namen geschah und die jetzige Situation heraufbeschwor, nimmt uns keiner ab.» Grabner, die nach den Ereignissen der Liebknecht-Luxemburg-Demonstration vom Januar 1988 aus der Partei ausgetreten war, geht in ihrer öffentlichen Beichte hart mit sich ins Gericht und schreibt in bezug auf ihren Parteiaustritt: «Dieser Schritt hat mich bis an den Rand seelischen und körperlichen Zusammenbruchs geführt. Mußte ich mich doch vor mir selbst zu der Wahrheit bekennen, in einem

Vierteljahrhundert SED-Zugehörigkeit politisch und oft genug auch menschlich gescheitert zu sein. Zu lange hatte ich gemeint – nach dem XI. Plenum 1965, nach dem 21. August 1968, dem Ausschluß Robert Havemanns aus der Partei, nach Rudolf Bahro, Wolf Biermann, um nur politisch eindrückliche Beispiele zu nennen –, ich müsse innerhalb der Partei dafür kämpfen, daß sie den Anspruch auf die allein seligmachende Wahrheit aufgibt, zu ihren Idealen zurückfindet und die Freiheit des Andersdenkenden anerkennt. Wider besseres Wissen hoffte, vertraute ich auch noch nach 1985, während andere, in meinem Namen handelnd, den Kurs der Partei steuerten.»

Eine merkwürdige Vorstellung: Sigrid Grabner 1976 in der Parteiversammlung gegen Biermann, vermutlich ohne Widerspruch, Daniela Dahn in einer ähnlichen SED-Veranstaltung des DDR-Fernsehens, wo sie damals noch arbeitete, unter 150 Genossen als einzige die Stimme gegen die Ausbürgerung erhebend. Es ist allzu einfach, hieraus die Schlußfolgerung abzuleiten, die Summe des Opportunismus sei immer gleich. Aber zumindest Verständnis der einen Ex-Genossin, die ihr Leiden an den Zustimmungsritualen so überzeugend beschreibt, mit der Einsamkeit der anderen, die mehr Zivilcourage aufbrachte, wäre zu erwarten gewesen. Oder wollte man einfach zu wenig voneinander wissen?

Jeder nimmt sich selbst auf die Reise in die neue gesamtdeutsche Gesellschaft mit, in seinen Widersprüchen, Kompromissen, Hoffnungen und gescheiterten Lebensentwürfen. Ist das der Grund, warum etwa die Brandenburger SPD-Abgeordnete Heidrun Förster meint, daß man sich als Ostdeutsche schwer tue mit Leuten eigener Herkunft? Daß man da kritischer reagiere? Warum nicht genauso kritisch mit den Westdeutschen umgehen, wie es Daniela Dahn in ihren Büchern unternimmt? Daß sie den ostdeutschen Blick aushalten kann, belegt ein Brief des evangelischen Pfarrers Michael Martin Passauer von der Berliner Generalsuperintendentur an Manfred Stolpe. Passauer hatte in den Herbsttagen 1989 mit Dahn in der Kommission gegen die Übergriffe und Mißhandlungen von Polizei und Stasi zusammengearbeitet, wo sie seine Stellvertreterin war. «In den eineinhalb Jahren intensiver Zusammenarbeit, in denen wir uns einmal wöchentlich trafen, habe ich sie als eine verläßlich zuhörende und konstruktiv argumentierende Mitstreiterin erlebt. Ihre ruhige und ausgeglichene Art half emotionale Wogen zu glätten. Durch ihr genaues Denken und das Aussprechen wichtiger Anregungen war sie oft in der Lage, uns über resignative Momente hinweg zu helfen.» Stolpe, der Passauer aus schwierigen DDR-Kirchenzeiten gut kannte, hat sich leider von dessen Urteil nicht überzeugen lassen, statt dessen äußerte er öffentlich, daß er den Protest von Ex-Bürgerrechtlern gegen Dahn als «Entlastungsoffensive von außen» empfunden habe.

Im Herbst 1998 ist das Engagement kritischer Geister aus DDR-Zeiten damit endgültig unter die Erklärungsmuster der politischen Parteien gefallen. Ein trauriges Resümee. In dem 1991 bei BasisDruck Berlin erschienenen Buch «Und diese verdammte Ohnmacht», einem Report über die Arbeit der Untersuchungskommission, zog Daniela Dahn, die während der Ausschußtätigkeit auch Stasi-Chef Mielke in dessen Rummelsburger Haft befragt hatte, ein ebenso nüchternes wie kritisches Fazit: «Während wir an dieser Dokumentation arbeiten, werden Forderungen nach einem neuen Untersuchungsausschuß laut: Über die jüngsten, bürgerkriegsähnlichen Vorgänge in der Mainzer Straße. Wiederum haben alternative Ideen und Praktiken – von den ehemaligen Behörden geduldete Hausbesetzungen, Szene-eigene Kneipen und Läden, eine Volxküche, ein Antiquariat für DDR-Literatur – die staatliche Macht losschlagen lassen. Während wir wochenlang nach dem Befehlsgeber forschten, der die in der Geschichte der DDR einzige Wasserwerferanlage zum Einsatz gebracht hat, sind seit dem Tag des Anschlusses im Ostteil Berlins Hautreizungen hervorrufende Wasserwerferladungen schon fast zur Normalität geworden. So relativiert sich unsere Erfahrung und reiht sich gleichzeitig in historische Dimensionen. Auch Carl von Ossietzky hat in einem öffentlich tagenden Untersuchungsausschuß mitgearbeitet. Damals wurde die Befehlslage unter dem Berliner SPD-Polizeipräsidenten Zörgiebel im berüchtigten Blut-Mai 1929 analysiert. Eine schwer zu beschreibende Mischung aus Demütigung und Ermutigung steht für mich am Ende unserer Arbeit, einer Arbeit, die vermutlich nie zu beenden ist.»

Solche Sätze schreibt man nicht ungestraft. Dabei wäre die dort geäußerte radikaldemokratische Haltung ein gutes Motiv für die Arbeit einer brandenburgischen Verfassungsrichterin gewesen, einer von drei gewählten Laien für dieses wichtige Amt. Daniela Dahn besaß somit gute und bereits bewiesene Eignungen für diese Tätigkeit, ganz im Gegensatz zu Heribert Prantls bornierter Feststellung, sie sei noch nicht richtig warm geworden in der Demokratie, und die Prinzipien einer rechtsstaatlichen Verfassung seien ihr, deren Bücher gern gelesen würden «in den Wärmestübchen des Sozialismus», noch einigermaßen fremd. Abgesehen von der sprachlichen Entgleisung, die besser zu einer Berliner CDU-Wahlversammlung aus Frontstadtzeiten passen würde, ist der Glaube an die Hermetik des Rechtsprechens erstaunlich. Er steht im Gegensatz zu der Äußerung des Brandenburger Verfassungsgerichtspräsidenten Macke, der die oberflächliche Behandlung der Kandidatur Dahns durch die Öffentlichkeit, vornehmlich durch die Parteien, lautstark rügte. Er sprach sich im Gegensatz zu Prantl ausdrücklich für die Teilnahme von Nichtjuristen an diesem Amt aus, weil die Fachdiskussionen des Gerichts durch Nichtjuristen bereichert, der Blick für die richterliche Praxis geschärft werde. Zudem mache das Amt den Richter und nicht umgekehrt. Auch wenn Macke in dem Streit nicht direkt Partei ergreifen wollte, waren seine Worte nicht mißzuverstehen: Der Brandenburger Landschaft tue es gut, wenn bekannte und streitbare Personen das Verfassungsgericht stärker ins öffentliche Bewußtsein rückten. Auch die übrigen Verfassungsrichter äußerten sich gelassen: Letztlich werde im Verfassungsgericht alles nicht so heiß gegessen und in den meisten Fällen eine einvernehmliche Regelung erzielt.

Man hätte sich mehr von solcher Souveränität im Urteil gewünscht. Dem Brandenburger Parlament wäre eine peinliche Zeit erspart geblieben, und das Verfassungsgericht Brandenburg hätte ein couragiertes, streitbares Mitglied in seine Reihen wählen können. Leider hat auch der bevorstehende Landtagswahlkampf in Brandenburg die Entscheidung der Abgeordneten offensichtlich mitbestimmt. Die von der PDS nominierte Kandidatin verkörperte wohl in den Augen manches Abgrenzungsstrategen bei den Sozialdemokraten allzusehr die gemeinsamen Inhalte beider Parteien. Aber der sogenannte Brandenburger Weg, das pragmatische, weitgehend unideologische Verhältnis der beiden konkurrierenden Parteien, wurde unter dem Druck von Leuten, denen die ganze Richtung dieses Weges nicht paßt, im Fall von Daniela Dahn leider verlassen.

Natürlich ist die Nichtwahl einer Kandidatin durch das Parlament eine demokratische Entscheidung und keine Menschenrechtsverletzung. Aber wie diese Diskussion vergiftet und wie unsachlich sie geführt wurde, bewirkte sie, daß der Graben zwischen Ost und West tiefer geworden ist. Das ist der eigentliche Schaden, wenn man sich angesichts der herrschenden Lethargie und Aggression in den neuen Bundesländern darüber klar wird, daß Demokratie zuallererst Beteiligung bedeutet. In diesem Sinne wäre Daniela Dahn eine Idealbesetzung gewesen, wenn man an Pierre Bourdieus Interpretation des Intellektuellen denkt, der seine spezifische Kompetenz aus Kunst, Literatur und Wissenschaft nutzt. Der «antipolitische Politik» (Bourdieu) betreibt, weil sie nicht diplomatisch und kompromißbereit sein muß wie im diplomatischen Feld üblich, sondern auf «moralische Kraft, Interesselosigkeit, Uneigennützigkeit und Kompetenz» setzen kann.

So ging nach drei Monaten auf traurige und beschämende Weise ein Lehrstück zu Ende, dessen politische Folgen langwieriger und komplizierter sein dürften als die öffentliche Demontage einer Schriftstellerin

P.S.

Anfang Juni 1999 wurden die beiden PDS-Kandidaten Sarina Jegutidse, eine Rechtsanwältin aus Potsdam, und der Schriftsteller und Musiker Florian Havemann, Sohn des Regimekritikers Robert Havemann, mit einer ausreichenden parlamentarischen Mehrheit zu Brandenburger Verfassungsrichtern gewählt. Was Daniela Dahn neun Monate zuvor zum Vorwurf gemacht worden war, ihre Nichteignung für das Amt wegen angeblich mangelnder juristischer Professionalität, gereichte Havemann plötzlich zum Vorteil. Kultusminister Reiche lobte dessen Vorstellung vor der SPD-Fraktion mit «Gut gemacht», und Justizminister Bräutigam sprach von einer «bemerkenswerten Präsentation». Staatskanzleichef Linde meinte, Havemann habe das Vorurteil, ein bunter Vogel zu sein, souverän durchbrochen. Schließlich wurde der Kandidat, der sich vor der Abstimmung noch mit dem Verfassungsrichter und Theologen Richard Schröder konsultiert hatte, sogar von zwei CDU-Abgeordneten mitgewählt. Havemann sei ein kritischer Intellektueller und deshalb eine Bereicherung für das Verfassungsgericht, ließ der SPD-Fraktionschef Birthler wissen.

Da stellt sich die Frage, wie kritisch ein Intellektueller in Brandenburg sein darf, um derartiges Politikerlob zu erhalten. Kritisch ja, allzu kritisch, wie Daniela Dahn, nein? Das wird wohl eine offene Frage mit engem Interpretationsspielraum bleiben.

Die PDS jedoch sollte aus dem Verlauf der Kandidatur folgendes lernen: Von ihr nominierte Persönlichkeiten müssen vor allem dem politischen Gegner gefallen. Sie sind in jedem Fall denjenigen vorzuziehen, an denen die übrigen Parteien etwas auszusetzen haben. Die Moral des Lehrstückes: Das ist der vertraute Brandenburger Weg. Wen stört es da, daß er vor Landtagswahlen schon mal zu einem Trampelpfad werden kann.

Die neue Lesart

Dokumentation

*Als Daniela Dahn im Herbst 1998 von der PDS-Fraktion des brandenbur-
gischen Landtags als Kandidatin für das Amt einer Brandenburgischen
Verfassungsrichterin vorgeschlagen wurde, signalisierte die Mehrheit aller
Parlamentsfraktionen zunächst ihre Zustimmung. Doch bald, ausgelöst
durch einen offenen Brief des SPD-Landtagsabgeordneten Andreas Kuhnert, entbrannte ein öffentlicher Streit um die Befähigung der Kandidatin.
Dieser Streit, an dem sich Parteien, Bürgerinitiativen, Schriftstellerorgani-
sationen, regionale Zeitungen und schließlich auch die überregionalen
Medien beteiligten, wuchs sich zum Lehrstück aus: über die politische Besetzung wichtiger Ämter, über Verantwortung und Demokratieverständ-
nis.*

*Im folgenden soll die wechselvolle Debatte um die Kandidatur Daniela
Dahns dokumentiert werden. Aufgrund der Vielzahl der Beiträge mußte
eine Auswahl getroffen werden. Hierbei kam es darauf an, die wichtigsten
und prononciertesten Stimmen – Gegner und Befürworter der Kandidatur sowie sachliche Berichterstatter – gleichermaßen zu Wort kommen zu
lassen und das gesamte Spektrum der Argumentation abzubilden.*

*Alle hier aufgenommenen Texte sind zwischen dem 2. Oktober und
dem 21. Dezember 1998 erschienen; viele sind leicht gekürzt wiedergege-
ben, weil sich Informationen häufig überschneiden.*

2. Oktober 1998, Berliner Zeitung
Berliner Schriftstellerin will kandidieren

Die Berliner Schriftstellerin Daniela Dahn ist Wunschkandidatin der PDS
für das neuzuwählende Verfassungsgericht des Landes. Sie soll in dem
neunköpfigen Gremium den aus Altersgründen ausscheidenden Rechtswissenschaftler Karl-Heinz Schöneburg (70) ersetzen. ... Ein Drittel des
Gremiums kann nach der Landesverfassung aus Nichtjuristen bestehen.

Die 49jährige parteilose Schriftstellerin hat sich am Dienstag in der
PDS-Fraktion vorgestellt und wurde einstimmig nominiert. Gegenüber
dem Radiosender «Antenne Brandenburg» begründete sie ihre Bereitschaft zur Kandidatur mit der Verlagerung schwerwiegender Entscheidungen aus den Parlamenten hin in die Gerichte. Dieser Prozeß sei für sie
als Autorin interessant und mache neugierig, ob eine Tätigkeit am obersten Gericht des Landes auch wirksam sei.

Die Landesverfassung ist für Frau Dahn, die aus der Oppositionsbewe-
gung «Demokratischer Aufbruch» kommt, eine moderne Verfassung. Es
gebe hier starke basisdemokratische Elemente, vergleichbar mit dem Verfassungsentwurf des Runden Tisches der DDR. Mitglied im Verfassungsgericht zu sein, das sei für sie als Schriftstellerin eine «andere Art demokratischer Mitwirkung» ...

17. Oktober 1998, Der Tagesspiegel
Der leise Coup der PDS
**Die Nominierung des Ex-SED-Mitglieds Daniela Dahn zur
Verfassungsrichterin ist kein Streitfall**
Von Michael Mara

Als vor zwei Jahren bekannt wurde, daß die einstige SED-Staatsrechtlerin
Rosemarie Will Verfassungsrichterin in Brandenburg werden solle, ha-
gelte es Proteste. Ein Streit, der weit über Brandenburgs Grenzen hinaus-
ging, brach aus. Selbst manche Sozialdemokraten hielten Will nicht für
die ideale Besetzung. Mit ihrer absoluten Mehrheit boxte die SPD ihre
umstrittene Kandidatin damals trotzdem durch – gegen CDU und PDS,
die aus unterschiedlichen Gründen gegen Will votierten. So hoch die Wogen schlugen, so schnell beruhigten sie sich wieder. Schon nach ein paar
Wochen redete niemand mehr über Will, was wohl auch an der soliden
Arbeit des obersten Brandenburger Gerichts lag.

Jetzt stehen erneut Wahlen beim Verfassungsgericht an ... Daß ein neuer Streit losbrechen wird, ist allerdings nicht zu erwarten: Die Lebensläufe von Will und Dahn unterscheiden sich. Wurde Will von ihren Gegnern noch als Stütze des SED-Regimes attackiert, kann man dies von der 49jährigen parteilosen Dahn, die sich selbst eine «vagabundierende Linke» nennt, kaum sagen ...

21. Oktober 1998, Märkische Allgemeine Zeitung
Richterriege jetzt komplett
Von Igor Göldner

... Anders als vor zwei Jahren, als die Nominierung von Rosemarie Will wegen ihrer SED-Vergangenheit für Parteien-Streit sorgte, dürfte sich diesmal der Ärger in Grenzen halten. Die SPD hat intern Zustimmung für die PDS-Vorschläge signalisiert. Auch die CDU-Fraktion hat bisher keine Einwände erhoben. Größere Angriffsflächen bieten weder Daniela Dahn (49) noch Martin Kutscha, der aus Bremen stammt. Beide sind parteilos.

Eine mögliche Angriffsfläche kam erstmals ins Bewußtsein, als die SPD-Fraktion ein Brief des ehemaligen Waldheimhäftlings Heinz-Joachim Schmidtchen erreichte, in dem dieser sein Schicksal als unschuldig Inhaftierter schilderte. Es sei unerträglich und käme einer Verhöhnung der Opfer gleich, wenn eine Person, welche die Wahrheit so verfälscht, in einem Bundesland Verfassungsrichterin würde.

In der Anhörung vor der SPD-Fraktion wurde Frau Dahn auf diesen Brief angesprochen. Sie erklärte, worum es in ihrem Waldheim-Essay gehe. Nachfragen gab es nicht. Unter Beifall verabschiedete Fraktionsvorsitzender Birthler Daniela Dahn mit den Worten: «Wir sehen uns dann bei der Vereidigung wieder.» Die Stimmung änderte sich erst, als der SPD-Abgeordnete Andreas Kuhnert, der bei der Anhörung geschwiegen hatte, einen Brief an seine Fraktion schrieb.

25. Oktober 1998, **Brief von Heinz-Joachim Schmidtchen** an den Fraktionsvorsitzenden der SPD, Wolfgang Birthler

Lieber Genosse Birthler,
der Vorschlag der PDS, Frau Daniela Dahn zur Wahl als Verfassungsrichterin des Landes Brandenburg ins Rennen zu schicken, veranlaßt mich, Ihnen diesen Brief zu schreiben. Am Anfang meine Biografie.

Ich bin am 8. 12. 1928 geboren. Habe das Kriegsende in Berlin erlebt. Seit Oktober 1944 war ich nicht mehr in der Hitlerjugend, was auch in den russischen Vernehmungsprotokollen festgehalten ist. Im Februar 1946 haben einige Freunde gegen den Zusammenschluß der SPD mit der KPD zur SED Plakate geklebt. Ich selbst war bei dieser Aktion wegen meiner kurz vor Kriegsende erlittenen Verwundung nicht dabei, wußte aber davon und habe an der Vorbereitung teilgenommen. Die Plakate waren offizielle Druckschriften der in ganz Berlin zugelassenen SPD. Meine Freunde wurden dabei beobachtet, sie machten das ja auch nicht besonders geheim, da alles legal war. Wenige Tage nach dieser Aktion wurden sie alle im Abstand von zwei bis drei Tagen verhaftet. Zu mir kam am 9. 5. 1946 ein deutscher Polizist, welcher mir die Mitteilung machte, daß ich mich am Montag den 11. 5. 46 bei der russischen Kommandantur in der Prenzlauer Allee vormittags um 10 Uhr melden sollte. Da ich mir keiner Schuld bewußt war, schlug ich alle wohlgemeinten Ratschläge aus dem Verwandten- und Bekanntenkreis in die Luft.

Das hätte ich besser nicht getan. Das war nämlich der Anfang eines acht Jahre und zwei Monate dauernden Leidensweges. Im Protokoll der NKWD stand zwar, daß wir gegen den Zusammenschluß zweier demokratischer Parteien seien. Daraus zogen die Vernehmer allerdings den Schluß, daß wir dazu eine illegale nazistische Organisation gegründet hätten. Selbst darin gab es keine Feststellung was wir eigentlich getan hätten, sondern nur die Vermutung, daß wir Schriften kopieren und verteilen wollten, welche eben gegen den Zusammenschluß gerichtet seien. Für diese Vermutung gab es keinerlei Beweis, weder einen Kopierer noch irgendwelche Originale außer den SPD Plakaten.

Meine Freunde wurden von einem sowjetischen Tribunal verurteilt. Die Strafen beliefen sich zwischen 5 und 15 Jahren. Ich wurde in das Sonderlager Berlin-Hohenschönhausen verbracht. Ende August kam ich dann in das Sonderlager Sachsenhausen. Hier blieb ich bis zu dessen Auflösung im Februar 1950.

Dann kam ich nach Waldheim. Wie ich glaubte, in deutsche Hände, in denen sich alles schnell aufklären würde. Das war eine weitere Fehleinschätzung, wie wir schon bei der Übernahme erfahren mußten. Wir wurden behandelt wie Schwerverbrecher. Das geschah mit Schlägen und Tritten, aber auch mit schlimmen Beschimpfungen.

Nach einem Lebenslauf, welchen wir schreiben durften, erfolgte eine Vernehmung. Ich wurde von einem jungen Polizeischüler der Polizeischule Arnstadt vernommen. Er sagte mir zum Abschluß des Gesprächs wörtlich: «Gegen Sie wird nicht einmal Anklage erhoben, freuen Sie sich schon jetzt auf Ihre Freilassung.»

Was folgte, war eine Anklage als «Hauptverbrecher».

Nun zu den eigentlichen Prozessen. Alles lief unter Landgericht Chemnitz. In Wahrheit handelte es sich um ein Sondergericht. Richter und Staatsanwälte wurden aus der ganzen Republik zusammengezogen. Die Verfahren unterstanden nicht dem sächsischen Justizministerium, sondern dem Innenministerium in Berlin. Von Berlin wurden auch die Richter und Staatsanwälte für diese Verfahren bestimmt. Sondergericht und Auswahl der Kammern widersprach den Gesetzen der DDR. Nicht vergessen darf man dabei, daß diese Prozesse nach bis zu 5 Jahren Haft in Schweigelagern als Kriegsverbrecherprozesse deklariert waren. Ich erinnere, daß ich bei der Verhaftung 16 ½ Jahre alt war. Desweiteren, daß das, was man mir vorwarf, mit der Nazizeit überhaupt nichts zu tun hatte. Dieser Hinweis nur, um darauf zu verweisen, wie fragwürdig die ganze Angelegenheit war. Am Abend vor meiner Verhandlung erhielt ich für zwei Stunden besagte Anklageschrift. Darin wurde ich als Angehöriger einer illegalen Gruppe bezeichnet, welche das Ziel hatte, den Frieden des deutschen Volkes zu gefährden. Desweiteren wurde ich wider besseren Wissens als Mitglied der Hitlerjugend bezeichnet, obwohl selbst die Sowjets in ihren Protokollen davon Abstand nahmen. Meine Verhandlung dauerte 20 Minuten mit Beratung, zu der ich den Gerichtsraum verlassen mußte, während der Staatsanwalt im Raum blieb. Der Ton während der Verhandlung ähnelte dem, was vom Volksgerichtshof bekannt geworden ist. Das Urteil nach dieser Farce: «Zehn Jahre Gefängnis ohne Anrechnung der über vier Jahre im Schweigelager.» Ich darf nochmal betonen, daß weder ein Zeuge benannt noch ein Verteidiger möglich war. Im übrigen hat Wolfgang Eisert in seinem Buch «Die Waldheimer Prozesse», erschienen im Bechtle Verlag, alles über Waldheim gesagt. Belegt hat er alles mit Dokumenten aus dem Militärgeschichtlichen Institut in Potsdam. Hier war Eisert lange Zeit tätig. Das sollte sich diese Dame einmal zu Gemüte führen, statt Menschen welche lange Zeit (bei mir waren es mehr als acht Jahre) zu verleumden. Sie sollte sich über die Praktiken sowjetischer Vernehmungsgewohnheiten gründlich informieren. Bevor sie aufgrund der durch nichts bewiesenen Waldheimer Gerichtsakten solche Äußerungen tut. Ich möchte nicht verschweigen, daß unter den Verurteilten Schuldige waren. Im Gegensatz zu Frau Dahn weiß ich aber, daß es sich dabei um eine verschwindende Minderheit handelte. Dazu kommt dann, daß nicht ein Prozeß nach rechtsstaatlichen Gesichtspunkten als fair zu bezeichnen war. Eisert beschreibt zum Beispiel, wie oft sich das Zentralkomitee in die Prozesse einmischte, weil zum Beispiel die Urteile zu gering waren, oder Richter für aufgestellte Behauptungen Beweise verlangten.

Ich habe bewußt einmal an meiner Person, zum anderen an der Prozeßführung so breit ausgeführt. Es ist einfach unerträglich, daß eine Person, welche die Wahrheit bewußt so verfälscht, in einem Bundesland Verfassungsrichterin werden soll. Im Namen des Waldheim Kameradschaftskreises protestiere ich auf das Schärfste gegen ein solches Vorhaben. Als langjähriges Mitglied der sozialdemokratischen Partei fordere ich Sie auf, mit der Fraktion der SPD im Landtag von Brandenburg dieses Vorhaben der PDS zu verhindern. Es käme gegenüber uns Opfern einer Verhöhnung gleich. Ich werde mich im übrigen in dieser Angelegenheit auch an die Bundespartei wenden.

In der Hoffnung, daß Sie sich im Sinne der Opfer verhalten, und die Berufung dieser Dame verhindern werden, verbleibe ich in Erwartung einer Antwort

9. November 1998, **Brief von Andreas Kuhnert**, Mitglied des Landtages Brandenburg, an die SPD-Fraktion des Landtages

Liebe Kolleginnen und Kollegen,
Daniela Dahn vertritt Auffassungen, mit denen man sich unbedingt politisch auseinandersetzen muß.

Sie stellt sich aber im Waldheimkapitel ihres Buches «Vertreibung ins Paradies» ganz offen und demonstrativ außerhalb von Grundprinzipien des Rechtsstaates, so daß sie von daher als Verfassungsrichterin gänzlich ungeeignet erscheint. Ich kann daher ihrer Wahl als Verfassungsrichterin nicht zustimmen und möchte Euch alle bitten, Eure Entscheidung nach Kenntnisnahme der folgenden Fakten zu überprüfen.

Es folgen Beispiele der Ablehnung oder Relativierung rechtsstaatlicher Grundsätze im Waldheimkapitel des Buches «Vertreibung ins Paradies» von Daniela Dahn.

1. Daniela Dahn bezeichnet den Spruch eines ordentlichen Gerichtes, welcher nach den Grundsätzen des Rechtsstaates zustande gekommen ist, als «Rache». Rache eines (ewig gestrigen) westdeutschen antikommunistischen Richters an einer damaligen Richterin, einer (fortschrittlichen) ostdeutschen Antifaschistin bzw. deren Anwalt.

Das alte (und immer noch falsche) Klischee der DDR-Geschichtsschreibung, im Westen agieren die rückschrittlichsten Antikommunisten, im Osten die fortschrittlichen Antifaschisten, wird hier wieder aufgewärmt.

Wer im Schuldspruch eines ordentlichen deutschen Gerichtes, das nach allen Grundsätzen der Rechtsstaatlichkeit verfahren ist, einen Akt der Rache sieht, ist als oberste Richterin für dieses Land nicht geeignet!

2. Daniela Dahn versucht, Unrecht zu relativieren, indem sie auf (nach ihrer Meinung) gleichzeitiges und gleichartiges Unrecht in anderen Ländern verweist.

Auch das ist eine Betrachtung, die mit Grundsätzen des Rechtsstaates nicht vereinbar ist. Eigenes Unrecht kann nicht durch von anderen begangenes Unrecht relativiert werden.

3. Daniela Dahn versucht, das nicht rechtsstaatliche Verfahren in Waldheim zu relativieren, indem sie darauf verweist, daß unter den Verurteilten offensichtlich wirklich Schuldige gewesen sind.

Der Gedanke, da sind (auch) Menschen verurteilt worden, die auch bei einem rechtsstaatlichen Verfahren aller Wahrscheinlichkeit nach ein entsprechendes Urteil erhalten hätten, rechtfertigt kein Schnellverfahren, wie es in Waldheim stattgefunden hat.

Der Gedanke der Vergeltung (wie du mir, so ich dir) ist rechtsstaatlichen Grundsätzen fremd.

4. Daniela Dahn bezeichnet die Forderung nach rechtsstaatlichen Verfahren für die in Waldheim Angeklagten als «unhistorisch, lebensfremd, fanatisch – unmenschlich».

Die Vorstellung, es könnte historische Situationen oder menschliche Biographien geben, für die es gerechtfertigt sei, Rechtsstaatlichkeit oder die Gewährung von Menschenrechten außer Kraft zu setzen, steht im Widerspruch zu allen Grundsätzen des Rechtsstaates.

5. Daniela Dahn sagt in ihrem Buch, auch im Waldheimkapitel, aber

auch in einem taz-Interview, daß dieses Land (Bundesrepublik Deutschland) nicht ihr Land sei.

«Die BRD ist nicht mein Problem, sie langweilt mich, weil sie nichts mit mir zu tun hat. Sie läßt mich gleichgültig, weil ich nicht daran glaube, sie verändern zu können.» («Einstimmung» zu ihrem Buch «Vertreibung ins Paradies».)

«Man soll uns nicht pausenlos Lobeshymnen auf diese weitgehend pervertierte Spielart von Demokratie abverlangen.» (taz vom 31. 10. 98)

Kann sie dann in einem bundesdeutschen Land Richterin sein, in welcher Funktion sie auf dem Boden des Grundgesetzes – und zwar ganz und gar – Recht sprechen soll?

6. In Waldheim sind auch Jugendliche in Schnellverfahren zu hohen Zuchthausstrafen verurteilt worden, weil sie eine den damals Mächtigen unliebsame politische Meinung vertreten haben. In einem von mehreren an die Fraktion gerichteten Briefen schildert ein Betroffener seinen Leidensweg. Er wurde im Alter von 16½ Jahren verhaftet, weil er angeblich gegen die Vereinigung von SPD und KPD zur SED agitiert habe. Bis zu deren Auflösung im Februar 1950 war er in den Sonderlagern Berlin-Hohenschönhausen und Sachsenhausen inhaftiert. Ohne Hinzuziehung von Zeugen oder Verteidigern wurde er nach 20 Minuten Verhandlungsdauer einschließlich Beratung zu 10 Jahren Gefängnis wegen Zugehörigkeit zu einer illegalen Gruppe, die den Frieden des deutschen Volkes gefährdet, verurteilt, von denen er vier Jahre absitzen mußte. (Der Brief liegt als Kopie bei.)

Wenn Daniela Dahn solche Vorgänge (die ja im übrigen in variierter Weise bis zum Ende der DDR fortgesetzt wurden) relativiert, spricht auch das gegen ihre Eignung als eine oberste Richterin im Lande Brandenburg.

7. Schließlich will ich noch einige grundsätzliche Anmerkungen und Informationen zu den Verfahren in Waldheim anführen. Nach Archivunterlagen sind nach Auflösung der Sonderlager des Ministeriums des Innern der UdSSR in Bautzen, Buchenwald und Sachsenhausen ab Januar 1950 dem Ministerium des Innern der DDR 3442 Internierte mit dem Ziel «zur Untersuchung ihrer verbrecherischen Tätigkeit und Aburteilung durch das Gericht der Deutschen Demokratischen Republik» überstellt und in das Zuchthaus Waldheim verbracht worden. Die Prozesse wurden dann nach einer Voruntersuchung von 4wöchiger Dauer von Ende April bis Juni 1950 im Schnellverfahren durchgeführt. Die Schuld des einzelnen wurde als erwiesen vorausgesetzt. Bereits am 14. 07. 1950 waren nahezu

alle Verfahren rechtskräftig abgeschlossen. In der Zeit vom 20. bis 29. 7. 1950 fanden in einigen ausgesuchten Sachen «öffentliche Prozesse» statt, in denen Zeugen, Verteidiger und eingeladene Öffentlichkeit hinzugezogen wurden. Die übrigen Verfahren wurden in der Regel von den Strafkammern ohne Öffentlichkeit in wenigen Minuten erledigt, die Anklageschrift wurde erst am Abend vor dem Prozeß ausgehändigt und nach der Verhandlung wieder eingezogen, ein Verteidiger fungierte nur dann, wenn Todesurteile zu erwarten waren.

Der bundesdeutsche Gesetzgeber hat die «Waldheimer Prozesse» ohne Ausnahme als justizielles Unrecht und politisch motivierte Strafjustiz klassifiziert. Wegen der zahlreichen Verstöße gegen fundamentale Prinzipien eines rechtsstaatlichen Verfahrens sollen die «Urteile» stets als nichtig angesehen werden. Dabei wird in Kauf genommen, daß von diesen Verfahren auch – unstrittig – wirkliche NS-Verbrecher betroffen waren. Um diesem Umstand gerecht zu werden, wird eine Rehabilitierung nur auf Antrag geprüft, wobei dann Feststellungen zur Rehabilitierungswürdigkeit getroffen werden.

Ich denke, daß wir in der Fraktionssitzung am 10. 11. 98 Gelegenheit haben werden, uns über die Frage der Wahl zum Verfassungsgericht noch einmal in aller Gründlichkeit und Ausführlichkeit zu verständigen. Das Waldheimkapitel aus dem zitierten Buch lege ich als Anlage bei.

Kurz nach Veröffentlichung des Briefes veränderte sich die Berichterstattung in den Medien. Plötzlich bekamen einige Kommentare ein staatstragendes Pathos.

11. November 1998, Berliner Zeitung
SPD will doch nicht für Daniela Dahn stimmen / Eklat steht bei Verfassungsrichterwahl bevor / Die PDS will die Wahl boykottieren
Von Andrea Beyerlein

Bei der heutigen Wahl des neuen Brandenburger Verfassungsgerichtes steht ein Eklat bevor. Die SPD hat am Dienstag überraschend ihre Unterstützung für die von der PDS vorgeschlagene Bewerberin Daniela Dahn aufgekündigt …
SPD-Fraktionschef Wolfgang Birthler war die jähe Wendung sichtlich unangenehm. Sowohl seine Fraktion als auch die CDU-Opposition hatten der Bewerbung Daniela Dahns für eines der beiden von Nicht-Juri-

sten besetzten Richter-Ämter noch vergangene Woche zugestimmt. Daraufhin hatte sich der Hauptausschuß auf das Personaltableau für die mit Zweidrittelmehrheit zu wählenden acht Verfassungsrichter geeinigt.

Gestern aber traf sich Birthler noch während der Fraktionssitzung mit PDS-Fraktionsgeschäftsführer Heinz Vietze und dem Innenpolitiker Michael Schumann, um zu beichten, daß seine Genossen ihm nicht mehr folgten. Mit 26 Neinstimmen wurden die plötzlich nur noch acht Dahn-Befürworter überstimmt ...

11. November 1998, Der Tagesspiegel
Fallengelassen
Von Michael Mara

Um keine Zweifel aufkommen zu lassen: Die Vorbehalte, die ein SPD-Abgeordneter gegen die Wahl der Berliner Schriftstellerin Daniela Dahn zur Verfassungsrichterin vorgebracht hat, sind diskussionswürdig. Es geht um Dahns relativierende Bewertung von DDR-Unrecht und auch um die Frage, wie sie zum bundesdeutschen Rechtsstaat steht. Das Amt eines obersten Richters ist ein herausgehobenes, deshalb muß sich derjenige, der es anstrebt, auch die Frage gefallen lassen, ob er dafür geeignet ist. Doch daß die regierende SPD die bisher von ihr mitgetragene und von der eigenen Führung in den höchsten Tönen gelobte Kandidatin einen Tag vor der Wahl wie eine heiße Kartoffel fallenläßt, ist ein beschämender Vorgang. SPD-Fraktionschef Birthler ist schon vor Monaten über die Nominierung Dahns durch die PDS informiert worden. Dem Hauptausschuß liegt seit Wochen ein Verzeichnis von Dahns Schriften vor. Aber offenbar hat sich niemand bemüßigt gefühlt, sich näher damit zu befassen. Dies geschah erst, nachdem einige kritische Briefe zur geplanten Wahl Dahns bei der SPD-Fraktion eintrafen. Der Vorgang spricht nicht gerade für die Ernsthaftigkeit der Arbeit in der SPD-Fraktion. Daß die Autorin nicht einmal zu den späten Vorwürfen gehört wurde, zeugt von wenig politischem Anstand.

11. November 1998, Berliner Morgenpost
Umstrittene «Stimme des Ostens»
Von Gudrun Mallwitz

Sie provoziert und polarisiert. Ständig verstößt sie gegen Denktabus. Eine echte politische Heimat kennt sie nicht. Die Schriftstellerin aus Ostberlin gehört weder der PDS noch den Grünen an und ist auf SPD-Veranstaltungen wie auch auf Kirchentagen zu finden. Der SPD-Politiker Egon Bahr hält große Stücke auf sie. Und Michael Naumann, heutiger Staatsminister für Kultur, öffnete ihr einst die Türen beim Rowohlt Verlag. Das Ergebnis war ein Bestseller: «Wir bleiben hier oder Wem gehört der Osten?»

Streitbar ist die 49jährige allemal, aber auch umstritten. Schon zu DDR-Zeiten zeigte sich Daniela Dahn charakterfest, als sie auf eine Karriere beim Fernsehen verzichtete, «um nicht die Selbstachtung zu verlieren». Ihre politische Jugendsendung wurde bereits nach fünf Folgen eingestellt ...

Als sie 1981 ihren Job beim Fernsehen gekündigt hatte, veröffentlichte sie zwei Bücher mit Kurzprosa und Reportagen. Wie keine andere traf sie nach dem Wendeherbst 1989 das verletzte Lebensgefühl der Ostdeutschen. Sie wollte nichts beschönigen, nichts verschweigen. «Ich verteidige nur die Wahrheit», sagte sie einmal, oder bescheidener «meine Wahrheit».

Seit März 1991 ist sie PEN-Mitglied, seit Juni mit Günter Grass Vize-Vorsitzende des von Egon Bahr geleiteten «Willy-Brandt-Kreis-e.V.».

Die PDS bezichtigt die SPD nun der Diffamierung. Daniela Dahn über sich: «Wer sich aus dem Fenster hängt, muß auch mit Diffamierung rechnen.»

11. November 1998, **Brief von Werner Liersch** an die Brandenburger SPD-Landtagsfraktion

Sehr geehrte Damen, sehr geehrte Herren,
ich bitte Sie dringend, die Rücknahme Ihrer Unterstützung zur Wahl der Schriftstellerin Daniela Dahn zu einer brandenburgischen Verfassungsrichterin zu überdenken. ... Es macht betroffen, Ihre Partei an der Schaffung einer modernisierten Zensur beteiligt zu sehen, die sich in der Errichtung von Deutungsmonopolen ausdrückt. Für ihren politischen

Teil, den eine eifernde Mythographie mit Verabredungsbruch und Text-
manipulation bedient, würde diese Vorgehensweise künftig als Parade-
beispiel stehen ...

11. November 1998, **Brief von Lothar Bisky** an die Abgeordneten der
Fraktion der SPD:

... Wir sind nicht gewillt hinzunehmen, daß die SPD parteipolitische Kri-
terien an die Kandidatinnen und Kandidaten anderer Parteien anlegt. Ein
solches Vorgehen beschädigt die Demokratie und ist ein offensichtlicher
Mißbrauch der absoluten Mehrheit. Die von der Verfassung angestrebte
Konsenslösung würde zum Feigenblatt einer Einparteiendiktatur, wenn
die Opposition nur Kandidaten präsentieren dürfte, deren politische
Auffassungen der Regierungspartei durchgehend genehm sind ...

*Zwei Tage nach Kuhnerts Brief nahm Daniela Dahn zu dessen Vorwürfen
in einer öffentlichen Erklärung Stellung.*

11. November 1998, **Erklärung von Daniela Dahn** zu den Vorwürfen
von Andreas Kuhnert

Es ist zweifellos eine kuriose Situation, sich für Bücher rechtfertigen zu
sollen, die jetzt in einer Gesamtauflage von 100 000 Exemplaren vorlie-
gen. Kein einziger Leser, geschweige denn einer der Dutzenden Rezen-
senten aus Ost und West ist zu derart abwegigen Urteilen gekommen, wie
das Mitglied der SPD-Fraktion, Andreas Kuhnert. Ich frage mich, weshalb Herr Kuhnert nicht bei der Anhörung vor der SPD-Fraktion die Gelegenheit ergriffen hat, seine Bedenken vorzutragen. Offensichtlich hat er
den Text über Waldheim in letzter Minute gelesen. Ich habe Monate intensiver Recherchen gebraucht, um mir ein Urteil darüber zu bilden und
bin verwundert, wie man als Nichtjurist offenbar über Nacht zu so siche-
ren Überzeugungen gelangen kann.
    Der Text über Waldheim war im März in der Frankfurter Rundschau
im Wortlaut abgedruckt. Einzige Reaktion war ein ebenfalls abgedruckter
Leserbrief, der meine Position uneingeschränkt befürwortete. Eckhart
Spoo, langjähriger Redakteur der Frankfurter Rundschau und jetziger
Herausgeber der Zeitschrift «Ossietzky», schreibt in seiner Besprechung:
«Daniela Dahn zeigt die Waldheim-Prozesse von einer anderen Seite als

der gewohnten und zwingt uns zum Umdenken.» Umdenken ist immer schmerzlich und fällt offenbar einigen schwer.

Ich habe nie bestritten, daß in Waldheim Unrecht geschehen ist. Ich bezeichne die Prozesse als «politische Schnellverfahren, die korrekte Ermittlungen und formal juristische Ansprüche weitgehend vermissen ließen … Die Hauptverfahren wurden nicht ordnungsgemäß eröffnet, meist unter Ausschluß der Öffentlichkeit geführt, die Beweisaufnahme war unzureichend, in den meisten Fällen wurden Pflichtverteidiger erst im Revisionsverfahren beigeordnet, und es wurden Strafvorschriften angewandt, die zum Tatzeitpunkt noch nicht in Kraft waren. Das heißt, auf der Anklagebank sitzen heute nicht nur einzelne Richter, sondern die von den Siegern geschaffene Rechtssituation der Nachkriegszeit.» Ich erlaube mir, auf den weitgehend unbekannten Tatbestand hinzuweisen, daß nach dem Krieg in ganz Westeuropa unter ähnlich fragwürdigen Bedingungen gerichtet wurde. Von den politischen Säuberungen der ersten Nachkriegsjahre waren mehrere Millionen Europäer betroffen, weit über 100 000 Menschen haben sie mit dem Leben bezahlt. Die ungeheuerlichen Naziverbrechen hatten die Leidenschaften verständlicherweise so entfesselt, daß eine emotionslose, korrekte Rechtssprechung weitgehend unmöglich war. Allein die Résistance verurteilte 120 000 Menschen. In den Geschworenengerichten saßen die Gedemütigten. Von welchem Himmel sollte ein unbefangenes Gericht fallen? Nur in diesem Zusammenhang weise ich darauf hin, daß die Forderung nach «formaljuristisch perfekten» Verfahren in einer Situation, in der Opfer zu Richtern werden, unhistorisch ist. Es heißt in dem Text: «Schuld wird durch den Hinweis auf die Schuld anderer nicht geringer, das ist wahr. Sie wird aber sehr wohl erklärbarer, nachvollziehbarer. Nur wer solche Erklärungen nicht hören will, weil er sie mit Entschuldigung verwechselt, beharrt auf diesem merkwürdigen Denktabu des Nicht-in-Relationen-sehen-Dürfens.»

Das ist etwas ganz anderes als der mir gemachte Vorwurf, daß ich Unrecht relativiere, im Sinne von nivelliere. Ich betone, daß unter den über 3000 Verurteilten mit Sicherheit auch viele Mitläufer und Unschuldige waren. Bei den von mir untersuchten Fällen sieht es jedoch anders aus. Die meisten der 15 zum Tode Verurteilten waren unbestritten Nazijuristen – am Volksgerichtshof, an Kriegs- und Sondergerichten. Sie waren selbst an zweifelhaften Todesurteilen beteiligt. Außerdem waren unter den Angeklagten SS- und Gestapo-Leute aus Konzentrationslagern und ein Offizier, der an der blutigen Niederschlagung des Warschauer Aufstandes beteiligt war. Nach dem damals gültigen Recht der vier Alliierten genügte es, eine solche Funktion gehabt zu haben, um die Höchststrafe zu bekommen. Individuelle Schuld mußte nicht nachgewiesen werden. Nach Studium der Anklageschrift, des damals in ganz Europa geltenden alliierten Rechts und der damals üblichen Rechtssprechung bin ich zu der Auffassung gelangt, daß auch bei formaljuristisch korrekten Prozessen höchstwahrscheinlich Todesstrafen ausgesprochen worden wären. Daß diese Überlegung im heutigen Prozeß überhaupt keine Rolle spielte, sondern formale Fehler genügten, um diese nachweislich hohen Nazis pauschal zu rehabilitieren, muß man hinterfragen dürfen. Wenn Herr Kuhnert mir vorwirft, ich maße mir an, den «Schuldspruch eines ordentlichen deutschen Gerichtes» zu kritisieren, frage ich mich, wozu es überhaupt die Einrichtung von Revisionsverfahren und Verfassungsgerichten gibt.

Kaum der Rede wert ist die Behauptung, mich würde die Bundesrepublik langweilen und gleichgültig lassen. Ich zitiere in meinem Buch «Vertreibung ins Paradies» (Seite 15) solche Stimmen Dritter, um mich sofort von ihnen abzusetzen: «Diese Haltung kann ich gut nachfühlen. Ich beneide die derart zur Ruhe Gekommenen manchmal, weil ich so unbegabt dafür bin. Immer bilde ich mir ein, ich würde mir ins eigene Fleisch schneiden, wenn ich unter Bedingungen lebe und leide, die zu verändern ich keinen Versuch unternommen habe ... Wo immer sie sich aber provoziert fühlen – bedenken Sie, daß Sie in mir noch eher einen Verbündeten haben als in den resigniert Schweigenden. Indem ich die Bundesrepublik kritisiere, nehme ich sie als verbesserungswürdig an.» Meine drei letzten Bücher sollten Beleg genug dafür sein, wie sehr ich mich für die demokratische Verfaßtheit dieses Landes eingesetzt habe.

Den Satz von den «Lobeshymnen auf die Demokratie» habe ich dem taz-Redakteur nie gesagt. Er hat ihn aus dem Zusammenhang eines Interviews im «Freitag» (12. 06. 98) gerissen, in dem ich nach der ostdeutschen Haltung zur Demokratie befragt wurde und wie folgt antwortete: «Soweit ich das beurteilen kann, bezieht sich die Systemkritik der Ostdeutschen weniger auf die Demokratie, die wird, bei allen Mängeln, schon als Gewinn begriffen. Vielmehr lehnen sie die unsozialen, neoliberalen Auswüchse dieses Turbokapitalismus ab. Denn in der sozialen Frage trauen sie sich eine gewisse Kompetenz zu. Bei der Demokratiekritik halten sie sich doch eher an die gebotene Bescheidenheit. Da werden sie von westdeutschen Wissenschaftlern und Politikern, die jahrzehntelange Erfahrung haben, bei weitem übertroffen. Etwa von Hans Herbert von Arnim oder Richard von Weizsäcker. In einem Vortrag vor der ‹Freiburger Montagsgesellschaft› sagte Manfred Zach, Ministerialdirektor im baden-württembergischen Arbeits- und Sozialministerium, unlängst: ‹Uniformer, als unsere Beamten- und Funktionärsparlamente gegenwärtig sind, lassen sie sich kaum denken ... Die Folge ist die politische Hegemonialisierung von Teil- und Eigeninteressen zu Lasten gesamtgesellschaftlicher Lösungen, plakativer gesagt: die Ausgrenzung und zugleich Entsolidarisierung des Volkes als Souverän.› Haben Sie je einen Ostdeutschen so scharfe Worte finden gehört? In gewisser Weise steht es uns auch nicht zu, denn wir haben uns in der DDR noch viel weniger Demokratie-Lorbeeren verdient. Man soll uns deswegen jetzt aber nicht pausenlos Lobeshymnen auf diese weitgehend pervertierte Spielart von Demokratie abverlangen.»

Am unverfrorensten finde ich die Behauptung, ich hätte in einem taz-Interview gesagt, dies sei «nicht mein Land». Ich äußere diesen Gedanken in meinem Buch (Seite 191) in einem einzigen Zusammenhang: «Wenn die Hauptnachrichtensendung am 15. 10. 1997 unser aller Bildungsminister Rüttgers zeigt, wie er auf dem CDU-Parteitag seine Devise zur Verbesserung der Bildungschancen verkündet: ‹Nicht jedem das Gleiche, sondern jedem das Seine›, und es geht kein Aufschrei durch das Land, dann weiß ich, hier bin ich falsch, dies kann nicht mein Land sein.» Ich verbitte mir, die ich einen Teil meiner jüdischen Vorfahren unter den Nazis verloren habe, mir von einem Pfarrer Vorschriften machen lassen zu müssen, ob ich im Moment der Wiederbelebung der Formel «Jedem das Seine» dieses Deutschland als mein Land empfinde.

In der DDR war ich für Pfarrer Kuhnert gut genug, mich in seiner Kirche lesen zu lasen. Welcher Teufel ihn geritten hat, mir jetzt die Worte im Mund herumzudrehen, kann ich nicht beurteilen. Daß aber die Mehrheit der SPD-Fraktion sich von einer einzelnen Meinungsäußerung über Nacht umstimmen läßt, ohne mich zu den Vorwürfen anzuhören, erinnert mich an Praktiken aus finstersten SED-Zeiten. Hinter den Kulissen spielt sich hier offensichtlich ein Kampf um die Deutungshoheit über das Gerechtigkeitsempfinden in Geschichte und Gegenwart ab. Ich fühle mich ins «Paradies der politischen Zensur» vertrieben. Im Vertrauen auf den Rechtsstaat behalte ich mir weitere Schritte vor.

13. November 1998, Ostdeutscher Rundfunk Brandenburg
Kommentar von Jost Bösenberg

Daniela Dahn wird wohl erst jetzt richtig bekannt. Unumstritten war sie nie – ungeschminkt Klartext redend, engagiert – eine Jeanne d'Arc des Ostgefühls. Sie will sich nicht beliebt machen, setzt auf Gegendruck beim Unbehagen in der Einheit. Wenn sie gleichzeitig die geplanten Internierungslager der Stasi als international üblich bezeichnet, gibt es Druck zurück.

Bei dem, was nun gestern und heute passiert ist, war Daniela Dahn allerdings Mittel zum Zweck. Die SPD hat formal einen Fehler gemacht. Es in so einer sensiblen Situation zu einem Eklat kommen zu lassen, ist höchst unprofessionell. Die Zeit des Handelns wurde verpennt. Schlimmer noch, die PDS war politisch schlau. Eine Zweidrittelmehrheit braucht man nämlich neuerdings im Landtag, um eine Verfassungsrichterin durchzubekommen. Der Sinn dafür ist ganz klar: um mehr Konsens herzustellen. Dazu gehört aber auch eine Vorverständigung. Und genau dabei ist die SPD in die Falle getappt, denn bei Daniela Dahn gehen die Meinungen nun mal auseinander. Die PDS hat gepokert und gewonnen. Man kann es auch als erpresserisches Verfahren durch Formalismus bezeichnen – Methode Testballon – egal wie, die Brandenburger SPD hat nach außen hin heute sehr, sehr schlecht ausgesehen.

12. November 1998, Berliner Zeitung
Wehe, wehe, ganz und gar!
Von Detlef Friedrich

... Dieser Akt hat etwas von Harakiri an sich, in deren Folge selbst der brandenburgische Ministerpräsident Stolpe (SPD) zwischen den Stühlen sitzt. Er schätzt die Autorin «außerordentlich», sagte er noch gestern. «Frau Dahn ist eine der begabtesten Persönlichkeiten in Deutschland, die die Empfindungen der Menschen im Osten trifft.» Er habe sie im Beirat des SPD-Forums Ost kennengelernt und könne sie auch «für andere Aufgaben empfehlen».

... Bei den Waldheimprozessen handelt es sich um juristische Fragen, deren gültige Beantwortung man weder der pointiert schreibenden Publizistin Dahn noch dem eifernden Pastor Kuhnert abverlangen möchte. Denn Juristen geht es doch um Recht. Dahn und Kuhnert, wie 80 Millionen weitere Deutsche, dürfen aber jederzeit sagen, daß sie gültiges Recht für ungerecht halten. Das ist freie Meinungsäußerung, und davon hat Dahn Gebrauch gemacht. Das mindert nicht ihre Integrität, eine Wahlfunktion auszuüben.

Ein Eindruck bestätigt sich hier, etwas, was sich auf verschiedenen Ebenen der ostdeutschen Teilgesellschaft häufig beobachten läßt, dieser menschlich unfreundliche Zug, daß der Ossi gern der beste Feind des Ossis ist. Alte Rechnungen sind offen, deswegen werden gern Abweichungen von der demokratischen «Linie» geahndet. Man ist jetzt gern der bessere Demokrat. Wehe, wenn jemand «nicht ganz und gar» so für die neue Gesellschaft ist wie man selbst! ...

12. November 1998, Neues Deutschland
Im Wahn gegen Dahn
Von Brigitte Zimmermann

Die Brandenburger SPD hat gestern im Landtag eine Großtat vollbracht, indem sie das Grundgesetz vor der Schriftstellerin Daniela Dahn schützte. Von der wissen wir offenbar zu wenig, denn wir haben nur ihre Bücher gelesen. Es ist uns entgangen, daß sie gern brandsatzend und -schatzend tätig ist und eine durch gefälliges Äußeres nur mäßig getarnte Gefahrenstelle für die neue Demokratie darstellt. Daß die PDS sich alles umgekehrt gedacht hatte – die parteilose Daniela Dahn sollte als Verfassungsrichterin dem Grundgesetz Brandenburgs und darüber hinaus beistehen – beweist nur, wie hartnäckig diese Partei an das Gute im Lande des GG glaubt.

Aber auf die Wachsamkeit aufmerksamer SPD-Genossen ist Verlaß – notfalls lernen sie da sogar von der SED –, und auf die Umfallerqualitäten der Stolpe und Reiche sowieso. Denn die SPD-Fraktion hatte sich schon vor längerem für Dahn entschieden, konnte sich gestern aber nicht mal für eine erneute Anhörung der Kandidatin zu aufgetauchten Vorwürfen entschließen. Stolpe und Reiche enthielten sich erbärmlicherweise der Stimme. Ein absoluter Skandal.

Geradezu grotesk ist der offenkundig lang gesuchte Stein des Anstoßes: vor allem das Waldheim-Kapitel in Dahns seit April vorliegendem Buch «Vertreibung ins Paradies». Dieses Verfahren kommt einem bekannt vor. Auch früher wurden Bücher «auf Stellen» gelesen und daraus ideologische Gesamturteile verfertigt, die ganze Lebenswerke und die

Persönlichkeit ehrenwerter AutorInnen in den Schatten stellen. Das Ergebnis war Selbstverarmung der Gesellschaft insgesamt.

Sicher. Dahn ist eine streitbare Schriftstellerin, aber gnadenlos recherchierend und immer faktengestützt. Wer solche Menschen ausgrenzt, beschädigt die Verfassungswirklichkeit.

12. November 1998, Märkische Oderzeitung
Viel Hin und Her hinter den Kulissen
Von Ulrich Thiessen

… In der SPD wurde gestern spekuliert, Justizminister Hans Otto Bräutigam stecke hinter der Kritik an Dahn. Der Minister und Kuhnert dementierten das. SPD-Chef Steffen Reiche, der ebenso wie Stolpe an der Sitzung des Vortages nicht teilgenommen hatte, versuchte die Richterwahl noch einmal von der Tagesordnung des Landtages abzusetzen. Mit 14 zu 12 Stimmen (der Rest der 51 Sozialdemokraten fehlte) scheiterte der Versuch …

Bereits am Abend zuvor hatte der parlamentarische Geschäftsführer der PDS-Fraktion, Heinz Vietze, mit Stolpe telefoniert. Während der Landtagssitzung fanden dann zahlreiche weitere Gespräche statt: Vietze mit Stolpe, Bisky mit Stolpe, Stolpe mit SPD-Fraktionschef Wolfgang Birthler, Stolpe mit CDU-Fraktionschef Wolfgang Hackel. Mittags dann die überraschende Wende. Bisky bewog seine Fraktionsmitglieder, die Verfassungsrichter, die von SPD und CDU aufgestellt worden waren, doch mitzuwählen. «Der höheren politischen Kultur zuliebe» – so die Begründung …

Ulrich Freese, einer ihrer Kritiker in der SPD: «Die schreibt sich jetzt bewußt in die Unwählbarkeit.» Dagegen setzte Stolpe regelrecht zu Lobeshymnen an … Ungewöhnlich offen räumte er ein, daß er sie ins Verfassungsgericht wählen würde. Auch wenn er Verständnis habe, daß das Thema der Unrechtsprozesse von Waldheim bei den Sozialdemokraten besonders sensibel aufgefaßt werde und andere Frau Dahn deswegen ablehnten …

12. November 1998, Frankfurter Allgemeine Zeitung
Die PDS beharrt auf Frau Dahn als Verfassungsrichterin / Widerstand in der SPD / Eklat in letzter Minute verhindert

… Der PDS-Bundes- und brandenburgische Fraktionsvorsitzende Bisky hat die Vorwürfe als «abenteuerliche Interpretation» der Texte der Schriftstellerin zurückgewiesen und von einer «schäbigen Art von Denunziation» gesprochen. Das Vorgehen der SPD-Fraktion sei äußerst befremdlich und komme einer Zensur gleich, schließlich sei Dahn Mitglied des PEN-Clubs und zusammen mit Günter Grass im Vorstand des von Egon Bahr geleiteten Willy-Brandt-Kreises. Bei ihrer Vorstellung in der SPD-Fraktion hatte die Autorin, die dort auch über ihren Waldheim-Beitrag diskutiert haben soll, am Schluß lebhaften Beifall erhalten. Der brandenburgische SPD-Landesvorsitzende, Kultusminister Reiche, hatte die Nominierung von Daniela Dahn als «glückliche Wahl» bezeichnet und nur bedauert, daß die SPD nicht auf diesen Vorschlag gekommen sei.

Sichtlich verärgert über den Meinungsumschwung in der SPD-Fraktion, die sich damit gegen ihren Vorsitzenden Birthler stellte, äußerte sich Ministerpräsident Stolpe und kritisierte die mangelhafte Vorbereitung der Entscheidung. Er selbst schätze Daniela Dahn nicht zuletzt deshalb sehr, weil sie mit ihren Texten die Empfindungen der Ostdeutschen wiedergebe.

12. November 1998, Junge Welt
Zurückgewiesene des Tages: Daniela Dahn

Sie gehört dem Willy-Brandt-Kreis als stellvertretende Vorsitzende an und wird beim Ost-Forum der SPD gesehen. Für die Spitzen der Brandenburger PDS war das offenbar eine Empfehlung, die Schriftstellerin und einstige Mitstreiterin beim letztlich Eppelmann-dominierten Demokratischen Aufbruch, Daniela Dahn, als neue Verfassungsrichterin in Potsdam vorzuschlagen. Hardcore-Führungspfarrer des antilafontainistischen Flügels der ostdeutschen Sozialdemokratie aber wollten diese Referenzen nicht gelten lassen … Die Ernennung Daniela Dahns zur Verfassungsrichterin hätte als Zeichen weiterer öffentlich sichtbarer Annäherung von SPD und PDS in ostdeutschen Ländern gegolten.

Das aber wollten die Gegner dieses Kurses nicht. So mußten Vorwände her. In ihrem Buch «Vertreibung ins Paradies» habe Daniela Dahn demonstrativ die Grundprinzipien des Rechtsstaates verlassen, argumentierte der SPD-Abgeordnete Andreas Kuhnert als offizieller Anführer der Anti-Dahn-Aktion. Im Hintergrund soll allerdings Richard Schröder – ein weiterer «Wende»-Theologe und -Gewinnler – antichambriert haben. Schröder soll als SPD-Kandidat die Richterrobe anziehen. Er hat sich als lautstarker Mahner und Warner vor einem Zusammengehen mit der PDS profiliert.

Am selben Tag berichtete die Lausitzer Rundschau, die PDS habe gestern «staatstragend elegant die Kurve gekratzt und die von SPD und CDU präsentierten Kandidaten tapfer mitgewählt». Stolpe glaube, «daß Daniela Dahn als Richterin sehr wohl in der Lage sei, eigene Ansichten von dem zu unterscheiden, was zur Rechtsfindung des Verfassungsgerichts nötig ist.» Und die MAZ weiß, Stolpe habe «der PDS etwas verklausuliert signalisiert, daß die SPD möglicherweise zugunsten von Daniela Dahn einlenkt».

13. November 1998, Märkische Oderzeitung
Im Streit um Daniela Dahn ist keine Klärung in Sicht

Wer ist Andreas Kuhnert? Noch vor einer Woche hätten nur die Landtagsinsider den Namen einzuordnen gewußt. Nachdem er ... für Turbulenzen in der eigenen Fraktion, im Landtag und darüber hinaus sorgte, steht der ehemalige Pfarrer plötzlich im Rampenlicht. Sehr zu seinem Bedauern. Am Mittwoch hatte er ... mit der von ihm kritisierten Autorin ein zweistündiges Gespräch. Der Redegewalt der Schriftstellerin ... war Kuhnert offenbar nicht gewachsen. Nach dem Gespräch zeigte er sich reumütig, erklärte, er könne jetzt Dahn doch wählen und schrieb an einer Presseerklärung, die ihm die Fraktionsspitze schnell noch einmal ausredete ... Wie ein Häufchen Unglück schrieb er den ganzen Tag an einer neuen Presseerklärung.

12. November 1998, **Pressemitteilung des SPD-Abgeordneten Andreas Kuhnert** zur Diskussion um Daniela Dahn

Am Rande der gestrigen Landtagssitzung habe ich gemeinsam mit anderen Abgeordneten ein Gespräch mit Daniela Dahn geführt. Ich habe dieses Gespräch als sehr anregend und offen empfunden. Ich glaube, es war bereichernd für alle daran Beteiligten. Ich sehe darin auch die Grundlage für weitere Diskussionen mit Frau Dahn, an denen ich mich gern beteiligen werde.

Ich habe mich gestern auch bei Frau Dahn für ein falsches Zitat entschuldigt, das ich irrtümlich als ihre Auffassung ausgegeben hatte. Dies tut mir sehr leid. Das Zitat lautete «Die BRD ist nicht mein Problem, sie langweilt mich, weil sie nichts mit mir zu tun hat.» Dieser Passus wird aber im Eingang des Buches lediglich von Frau Dahn als eine Meinung von Dritten referiert, und Frau Dahn distanziert sich nachfolgend auch von dieser von ihr zitierten Meinung.

Im Gespräch mit Frau Dahn konnte für mich auch eine weitere Unklarheit beseitigt werden. Dies betrifft meinen Vorwurf, Frau Dahn betrachte die Bundesrepublik nicht als ihr Land. Diese Zitat steht im Zusammenhang mit einer Äußerung des damaligen Bundesbildungsministers, der gesagt hatte, «nicht jedem das Gleiche, sondern jedem das Seine». Ausschließlich in diesem Zusammenhang, so Frau Dahn, sei ihre Äußerung zu verstehen und gelte keinesfalls für ihre grundsätzliche Einstellung zur Bundesrepublik. Ich nehme das zur Kenntnis und kann in diesem konkreten Zusammenhang Frau Dahns Äußerung auch durchaus nachvollziehen.

Im Essay über die Waldheimprozesse «Eine beispiellose Tragödie?» in ihrem Buch «Vertreibung ins Paradies» beschreibt Frau Dahn u. a. den Prozeß gegen eine ehemalige Richterin von Waldheim. Im beiderseitigen Gespräch legte Frau Dahn Wert auf die Feststellung, daß sie einen Unterschied auch in Sprache und Symbolik zwischen einer literarisch gestalteten Beschreibung einer Gerichtsszene und einer juristischen Fachäußerung sieht. Ich nehme das zur Kenntnis. Was ich von der Wortwahl her («Bei der Urteilsverkündung erfolgte die Rache») als ein fragwürdiges Verhältnis zu grundlegenden Aspekten der Rechtsstaatlichkeit verstanden hatte, erklärte Frau Dahn als die literarisch geformte Wiedergabe und Beschreibung dessen, was sie als Beobachterin im Gerichtssaal erlebte und empfand und nicht als eine juristische Fachäußerung. Insofern konnte für mich auch geklärt werden, daß Frau Dahn mit dieser Beschreibung rechtsstaatliche Prinzipien nicht in Frage stellen wollte.

Ich bedaure, daß ich das persönliche Gespräch mit Frau Dahn nicht bereits früher gesucht habe. Ich denke, daß die kommenden Wochen die Chance für einen weiteren Klärungsprozeß bieten, den ich für notwendig und noch nicht abgeschlossen halte.

Am gleichen Tag, als Kuhnert öffentlich sein Bedauern aussprach, protestierten namhafte Persönlichkeiten in einem offenen Brief gegen die Art und Weise, wie die SPD-Landtagsfraktion mit Daniela Dahn umging.

12. November 1998, **Offener Brief von Günter Gaus, Günter Grass, Ute Grass, Christoph Hein, Inge Jens, Walter Jens, Hans Misselwitz, Ruth Misselwitz, Friedrich Schorlemmer, Heinrich Senfft, Uwe Wesel, Christa Wolf, Gerhard Wolf**
an den Präsidenten des Landtags Brandenburg, Herbert Knoblich

Sehr geehrter Herr Präsident!
Mit Bestürzung haben die Unterzeichner dieses Schreibens die Abstimmung in der SPD-Fraktion des Landtags in Potsdam zur Kenntnis genommen, mit der mehrheitlich eine Wahl Daniela Dahns zur Verfassungsrichterin in Brandenburg abgelehnt wird. Selbstverständlich ist jede parlamentarische Fraktion frei darin, vorgeschlagene Kandidaten / Kandidatinnen abzulehnen. Wir befürchten jedoch, daß zur Grundlage der negativen Entscheidung der sozialdemokratischen Abgeordneten eine – unbeabsichtigte oder auch gewollte – Mißdeutung eines Textes von Daniela Dahn gemacht worden ist. Anders läßt sich auch der Unterschied gegenüber der vorausgegangenen positiven Haltung der SPD-Fraktion zur Kandidatur Daniela Dahns nicht erklären. Es kann kein Zweifel an der Verfassungstreue Daniela Dahns bestehen. Die vom Abgeordneten Kuhnert geäußerte Ansicht, daß Daniela Dahn sich im «Waldheimkapitel ihres Buches Vertreibung ins Paradies ganz offen und demonstrativ außerhalb von Grundprinzipien des Rechtsstaates» stellt ist falsch und eine nicht hinnehmbare Denunziation der Autorin. Das Votum der SPD-Fraktion beschädigt das Ansehen des Landtags von Brandenburg. Wir raten dringend, einen Weg zu finden, die Ablehnung Daniela Dahns als Verfassungsrichterin rückgängig zu machen.

In den Wochen darauf schlossen sich diesem Brief zahlreiche Politiker, Gewerkschafter, Künstler, Journalisten und Wissenschaftler an: Martin Bartels, Pfarrer (Benz) – Eckhart Beleites, Präsident des VDGN (Berlin) – Prof. Dr. Fred Breinersdorfer, Vorsitzender des Verbandes Deutscher Schriftsteller, Jurist (Stuttgart) – Angela Brunner, Schauspielerin (Kleinmachnow) – Dr. Brigitte Burmeister, Schriftstellerin (Berlin) – Sigrid Damm, Schriftstellerin (Berlin) – Peter Ensikat, Kabarettist, Autor (Berlin) – Prof. Dr. Jochanan Finkelstein, Literaturwissenschaftler (Berlin) – Dr. Hans-Jürgen Fischbeck, Physiker, Studienleiter Evangelische Akademie (Mülheim, Ruhr) – Barbara Hänchen, Agrarwissenschaftlerin (Berlin) – Michael P. Hamburger, Schriftsteller, Vize-Präsident der Deutschen Shakespeare-Gesellschaft (Berlin) – Detlev Hensche, Vorsitzender der IG Medien (Stuttgart) – Kerstin Hensel, Schriftstellerin (Berlin) – Prof. Dr. Rudolf Hickel, Arbeitsgruppe alternative Wirtschaftspolitik (Bremen) – Dieter Hildebrandt, Kabarettist, Autor (München) – Inge Jastram, Malerin (Kneese) – Prof. Jo Jastram, Bildhauer (Kneese) – Walter Kaufmann, Schriftsteller (Berlin) – Prof. Dr. Arno Klönne, Soziologe (Paderborn) – Dr. Helmut Kramer, Richter a. D. am Oberlandesgericht (Wolfenbüttel) – Wolfgang Kohlhaase, Schriftsteller (Berlin) – Dieter Lattmann, Schriftsteller (München) – Andrée Leusink, Pädagoge (Berlin) – Detlev Lücke, Chefredakteur (Berlin) – Dr. Hans-Joachim Maaz, Psychotherapeut und Autor (Halle / S.) – Marlies Menge, Publizistin (Hamburg) – Steffen Mensching, Schriftsteller (Berlin) – Franz-Josef Möllenberg, Vorsitzender der Gewerkschaft Nahrung-Genuß-Gaststätten (Hamburg) – Andrea Nahles, Bundesvorsitzende der JuSo, Mitglied des SPD-Parteivorstands, MdB/SPD-Fraktion (Bonn) – Gisela Oechelhäuser, Kabarettistin (Berlin) – Prof. Dr. Peter von Oertzen, Politologe, Soziologe (Hannover) – Prof. Dr. Norman Paech, Rechtswissenschaftler (Hamburg) – Prof. Dr. Adalbert Podlech, Lehrbeauftragter für Öffentliches Recht an der TU Darmstadt, Schriftsteller (Darmstadt) – Bodo Ramelow, Vorsitzender der Gewerkschaft HBV Thüringen (Erfurt) – Käthe Reichel, Schauspielerin (Berlin) – Edelbert Richter, MdB/SPD-Fraktion (Weimar) – Günter Sanné, Abteilungsleiter Rationalisierungskuratorium der deutschen Wirtschaft (Eschborn) – Wolfgang Schaller, Intendant (Dresden) – Landolf Scherzer, Schriftsteller (Dietzhausen) – Horst Schmitthenner, Geschäftsführendes Vorstandsmitglied der IG Metall (Frankfurt / M.) – Helga Schütz, Schriftstellerin (Potsdam) – Rosemarie Schuder, Schriftstellerin (Berlin) – Ingo Schulze, Schriftsteller (Altenburg) – Rainer Schulze, Buchhändler (Wer-

nigerode) – Frank Spiedt, Vorsitzender des DGB, Landesverband Thüringen (Erfurt) – Eckart Spoo, Chefredakteur (Hannover) – Klaus Staeck, Graphiker und Autor (Heidelberg) – Rudi Strahl, Schriftsteller (Berlin) Dr. Johano Strasser, Schriftsteller, Generalsekretär des PEN-Zentrums Deutschland (Berg, Bayern) – Holger Teschke, Schriftsteller und Dramaturg (Berlin) – Jutta Wachowiak, Schauspielerin (Berlin) – Günter Wallraff, Schriftsteller (Köln) – KD Wolff, Publizist, Verleger (Frankfurt / M.)

13. November 1998, Der Tagesspiegel
Streit um Dahn spitzt sich zu

... Der Streit um Daniela Dahn droht inzwischen für die regierende SPD zu einer Zerreißprobe zu werden. Während sich führende Politiker, neben Ministerpräsident Stolpe vor allem Gesundheitsministerin Regine Hildebrandt und Parteichef Steffen Reiche, klar zu Frau Dahn bekennen, lehnt die Mehrheit der Fraktion ihre Wahl zur Verfassungsrichterin ab. Frau Hildebrandt sagte gegenüber dem Tagesspiegel, daß das ablehnende Votum der Fraktion für sie nicht nachvollziehbar sei. Auch Steffen Reiche sprach von einer «Fehlentscheidung». Er hätte Frau Dahn auch selbst vorgeschlagen und werde alles daran setzen, die Fraktion umzustimmen. Fraktionssprecher Ingo Decker sagte, die Fraktion werde diesmal «sehr gut vorbereitet» in die Anhörung in ein bis zwei Wochen gehen.

Der Verfassungsrichter Richard Schröder sagte dem Tagesspiegel, die Diskussion über die Eignung Daniela Dahns müsse geführt werden: Es gehe immerhin um eine Amtszeit von zehn Jahren. Allerdings hätte sie rechtzeitig vor der Wahl am Mittwoch stattfinden müssen. Zu den Vorwürfen gegen Frau Dahn wollte sich Schröder nicht äußern. Er betonte jedoch, daß die Funktionen von Anwalt und Richter nicht unbedingt dieselben seien. Ein guter Anwalt müsse einseitig sein. Deswegen sei nicht jeder gute Anwalt auch ein guter Richter ...

13. November 1998, Berliner Morgenpost
Fehl am Platz
Von Peter Philipps

Was soll eine Schriftstellerin im Brandenburgischen Landgericht? Die Landesverfassung erlaubt eine solche Absurdität – es wird Zeit, dies zu ändern. Die Zeit der Runden Tisch-Romantik ist vorüber ...

Am gleichen Tag sendet der Ostdeutsche Rundfunk Brandenburg ein Streitgespräch zwischen Daniela Dahn und Markus Meckel, obwohl der SPD-Politiker gar kein Mitglied der Landtagsfraktion ist. Aus Potsdam hatte sich kein Abgeordneter bereitgefunden.

13. November 1998, **Fernsehdiskussion im ORB** zwischen Daniela Dahn und Markus Meckel, SPD-Bundestagsabgeordneter

Moderator: *Wenn Sie könnten in Brandenburg, hätten Sie für oder gegen Frau Dahn gestimmt, als Verfassungsrichterin?*

Meckel: Ich hätte gegen sie gestimmt.

Und warum?

Meckel: Weil ich glaube, daß jemand – und das macht sie – zugespitzt, provozierend, und ich denke auch wichtig, eine Stimme aus Ostdeutschland ist, die die Probleme beim Namen nennt und die deutlich sagt, wo den Leuten der Schuh drückt. Aber ich glaube, daß sie nicht geeignet ist als Verfassungsrichterin. Denn ich würde sagen, die eine Kompetenz, d. h., die Dinge provozierend, klar, auch einseitig zur Sprache zu bringen, und die Funktion eines Richters – das ist nicht unbedingt das gleiche.

Dahn: Wenn der Bürger ausgegrenzt ist ..., ist die Demokratie in Gefahr ... Und das muß man auch scharf sagen können, und Herr Meckel, ich glaube schon, daß ich verstanden habe, was ein Verfassungsgericht zu tun hat. Gerade die Nichtjuristen dort haben die Aufgabe, ihr Wissen über die Lebensbedingungen der Menschen, die Sorgen, die Fragen dort einzubringen und die Juristen dort zu veranlassen, ihre Argumentation noch zu vertiefen, daß es auch verstanden wird. Und als Schriftstellerin würde ich mich besonders darum bemühen, daß dies in einer Sprache geschieht, die der Bürger auch versteht.

Herr Meckel, Frau Dahn sagt ja sinngemäß, die Demokratie ist in Gefahr. Sehen Sie das denn ähnlich?

Meckel: Das sehe ich überhaupt nicht. Sie kommt mehr dadurch in Gefahr, daß man nicht mehr unterscheidet. Und das sehe ich z. B. in manchen Texten, und überhaupt muß ich sagen, was relativ weit verbreitet ist, wird oft nicht klar genug unterschieden zwischen einer falschen Politik, die es heute durchaus gibt, und wahrhaftig einer Fülle gesellschaftlicher Probleme und einem falschen System, das wir vor 1989 hatten. Da wird dann oft so getan, und das hört man auch von Frau Dahn, da kann man nachlesen, daß sie da sagt, beides hat seine Vor- und seine

Nachteile, und oft wird dann eben bei diesen Nachteilen – und wenn ich, Frau Dahn, ich würde Sie gern auf ein anderes Zitat ansprechen. Und zwar, wenn ich hier lese – so schreiben Sie – «Mit Blick auf die poststalinistische DDR und die finanzstalinistische BRD scheint mir: die Summe der Repressionen ist immer gleich.»

Verstehen Sie? So was kann man mal provozierend sagen. Aber wenn man so was sagt, kann man nicht gleichzeitig Richter sein, wenn man so die Kategorien nicht mehr zusammen kriegt. Und ich sehe das leider so, daß ich sage, das ist disqualifizierend für das System, von dem ich sage, ich sehe kein besseres auf dieser Welt. Ich sehe wirklich kein besseres. Ich glaube nicht, daß man das nicht noch besser machen könnte. Dann muß man aber konkret sagen, wo. Aber es in dieser Weise zu denunzieren, das halte ich für sehr problematisch …

Bevor Sie da gleich darauf antworten können, Frau Dahn, möchten wir noch mal ein Zitat bringen, was wir auch von Ihnen haben, aus einem Interview mit Günter Gaus von 1996, wo Sie sich zum Sozialismus geäußert haben.

«Gaus: Schmerzt Sie das Scheitern des sozialistischen Versuchs?»

Dahn: «Ja. Weil ich keine Alternative sehe, die wirklich dauerhafte Lösungen anbietet. Und möglicherweise war es aber insofern ein notwendiges Scheitern, weil es doch jetzt Freiräume schafft; im Denken, vielleicht auch im Praktischen, einen anderen – ob nun sozialistisch oder wie auch immer genannt – Dritter Weg – es ist ja alles diskreditiert. Aber es muß ja ein anderer Weg gesucht werden, weil immer mehr sehen, was wir jetzt haben, ist auch nicht die Lösung.»

Wenn ich das von Herrn Meckel jetzt zusammenfasse, das, was Sie da eben gesagt haben, würde ich doch heraushören, daß Sie eine Spielart des Sozialismus als das idealere System sehen.

Dahn: Wissen Sie, ich komme mir hier wirklich wie früher vor, wo bestimmte Textstellen immer abgeklopft wurden, ob da was Böses drinsteht und ob es auch parteilich genug ist. Den Begriff ‹finanzstalinistisch›, Herr Meckel, habe ich auch von einem Westkollegen übernommen, nämlich von Robert Kurz. Und wenn ich sage, daß unter dem Strich die Repressionen etwa gleich sind, dann meine ich damit nicht im landläufigen Sinne politische Repressionen, sondern den Anpassungsdruck, die Angst. Und die ist heute im Osten sehr groß, das können Sie mir glauben. Natürlich glaube ich, daß Veränderungen in dieser Gesellschaft nötig sind und ich denke eigentlich, daß wir da mit der SPD einig sein müssen. Auch da wird doch, wenn ich das recht verstehe, ein demokratischer Sozialismus als Zielstellung hingestellt, oder nicht, Herr Meckel?

Meckel: Da geht's um Grundwerte, aber nicht um ein anderes System. Das ist, glaube ich, der durchaus für viele im Osten mißverständliche Begriff, wenn der Sozialismus als ein anderes System benannt wird, wenn Sozialdemokraten von Demokratischem Sozialismus reden … Das heißt, ich fordere eine bestimmte Politik, aber kein anderes System.

Dahn: Da bringen Sie jetzt schon wieder was durcheinander. Ein anderes System hat der Rechtsphilosoph Herbert von Arnim gesagt, nicht ich.

Meckel: Hm, aber wenn Sie von finanzstalinistischem System reden; ich möchte doch mal fragen, was ist denn da nun wirklich Ihre Kritik, und wenn man diese Kategorien gebraucht, dann kann man doch sagen – das kann auch jemand aus dem Westen sagen, aber auch den würde ich dann nicht in einem Verfassungsgericht haben wollen.

Dahn: Ich meine damit den Neoliberalismus, der alles dem Geld unterordnet und der die Werte, von denen Sie sprechen, gar nicht mehr ermöglicht, sondern der Markt bestimmt die Politik. Man verliert immer mehr Gestaltungsmöglichkeiten. Und das meine ich, wenn ich von Veränderungen spreche, daß das Primat der Politik zurückgewonnen werden muß. Und das ist Ihre Aufgabe, Herr Meckel.

Meckel: Dem kann ich natürlich zustimmen. Aber leider sagen Sie das oft an anderen Stellen anders, und hier kommt es wirklich auf die Begrifflichkeit und auf die Klarheit an …

Am nächsten Tag deutete der Uckermark-Kurier einen weiteren Grund für die Nervösität in der Brandenburger Regierungspartei an: Knapp ein Jahr vor der Landtagswahl könne niemand sicher sein, «ob ihm die Partei erneut die Chance auf fünf Jahre sichere Diäteneinkünfte gibt».

Mit Kritik an überzogenen Diätenerhöhungen hatte sich übrigens vor einiger Zeit der Staatsrechtler Hans Herbert von Arnim unbeliebt gemacht, der für die Grünen zwei Jahre im Brandenburger Verfassungsgericht saß. Wenn Daniela Dahn, davon nichts ahnend, sich bei dem Hinweis auf die Unvereinbarkeit von polemischen Büchern und Richteramt immer wieder auf Arnim berief, dürfte dies ihre Chance auch nicht verbessert haben.

14. November 1998, Uckermark-Kurier
Gespaltene Fraktion
Von Johannes Frewel

Neigt Brandenburgs Regierungsfraktion zur Denunziation? Gibt es in ihren Reihen Unterstützung für eine gezielte Mißdeutung von Aussagen einer unbequemen Schriftstellerin? Prominente Künstler, Politiker, Juristen und Demokratieverfechter sehen ernsthaften Anlaß, diese Fragen zu stellen. Grund dafür ist ein politisches Kesseltreiben einer Mehrheit in der SPD-Fraktion gegen die PDS-Kandidatin für das Verfassungsgericht, Daniela Dahn.

Die streitbare parteilose Ostberliner Schriftstellerin Dahn ist sicher niemand, der von politischen Debatten verschont werden möchte. Mit ihren Büchern, die das schwierige Zusammenwachsen der Deutschen Ost und West beschreiben, provoziert und polarisiert sie gezielt. Niemand kann verpflichtet werden, sich der konsequenten Ostsicht der verhinderten Verfassungsrichterin anzuschließen. Doch wo begonnen wird, Textpassagen unhaltbar zu mißdeuten, um so den Nachweis zu führen, daß sich die sperrige Intellektuelle in der Nähe verfassungsfeindlicher Besinnung bewegt, werden bei ostdeutschen Künstlern bedrückende Erfahrungen aus vergangenen Zeiten wach ...

16. November 1998, Der Tagesspiegel
Eine List der Geschichte
Von Kerstin Decker

Sie ist bald fünfzig, doch ihre Züge sind mädchenhaft. Noch immer. Man schaut auf, wenn sie irgendwo eintritt. Man merkt auf, wenn man ihren Namen liest. Daniela Dahn, eine Jeanne d'Arc des Ostens. Hätte man Jeanne d'Arc eigentlich zur Verfassungsrichterin gewählt? Es ist ja immer schwer mit den kämpferischen jungen Frauen. Mutig sind sie. Und sehr zornig manchmal. Und anstrengend natürlich. Den Rest besorgen die historischen Umstände ...

Literatenessen zum Beispiel sind solche historischen Umstände, zumindest wenn gerade ein Rowohlt-Verleger neben einem sitzt und fragt, was man denn so arbeite im Augenblick. Eher nichts, soll Daniela Dahn da vor ein paar Jahren geantwortet haben, sie engagiere sich jetzt mehr politisch, in einer Bürgerinitiative. Der Westen wolle ja den Kleinmachnowern ihre Häuser wegnehmen. Man kann sich vorstellen, wie Daniela Dahn den Rowohlt-Mann da angesehen hat. In solchen Mädchengesichtern malen sich die Verletzungen unmittelbar, sie können und sie wollen nichts verbergen. Ja, wenn das so wäre, dann solle sie das doch mal aufschreiben! – «Wir bleiben hier oder Wem gehört der Osten? Vom Kampf um Häuser und Wohnungen in den neuen Bundesländern» erschien 1994.

Es ist im Grund ein zweihundertseitiger Kommentar zu dem Satz Ludwig Erhards, nur Eigentum gewährleiste persönliche Sicherheit sowie geistige Unabhängigkeit – unter Berücksichtigung der Prämisse des Einigungsvertrages «Rückgabe vor Entschädigung». Wenn einem zum Beispiel das Haus weggenommen wird, fühlt man sich schlagartig weniger sicher und auch irgendwie ziemlich abhängig. So leicht lassen sich hochtheoretische Sätze verifizieren. Dahn scheute das Wort «Vertreibung» nicht.

Ostdeutsche haben früher eigentlich nie über Eigentum nachgedacht, schon weil sie fast keins hatten. War es nicht ziemlich leichtsinnig, als beinahe Besitzloser einer Ludwig-Erhard-Gesellschaftsordnung beizutreten? Man kann darauf verschiedene Antworten geben. Eine davon ist die zorniger, mädchenhafter Frauen.

1989. Die abgewickelte Revolution, sagt Daniela Dahn, Gründungsmitglied des «Demokratischen Aufbruchs». Alles danach sei konservativer Rückwärtsgang der Geschichte. Ob man wohl mit dem Wissen von heute ins Frühjahr 1989 zurück könnte? Solche Fragen stellt sie. Gedankenspiele. Man weiß, daß die intelligiblen Augenblicke der Geschichte wie der Herbst 1989 selten sind. Man weiß, daß sie immer zurückgenommen werden. Man weiß, daß auf jede Revolution eine schmerzhafte Realsetzung folgt. Man weiß, daß die Geschichte manchmal ganze Generationen opfert. Aber Frauen wie Daniela Dahn wollen das nicht wissen. Und wenn sie es wissen, dann akzeptieren sie es nicht so. Sie haben kein Talent zur Melancholie. Solche Frauen sind selbst eine List der Geschichte – die Geschichte müßte sonst an sich selbst verzagen, an ihrer Ausweglosigkeit, an ihren ewigen Wiederholungen.

Man stelle Daniela Dahn vor eine Barrikade und gebe ihr zumindest einen Bleistift. Aber als Aufsichtskraft über die Grundregeln des demokratisch gerade noch zulässigen Barrikadenbaus? Oder was sonst ist ein Verfassungsrichter?

Mit 26 gegen 8 Stimmen entschied die SPD-Fraktion in der letzten Woche überraschend gegen die Wahl Daniela Dahns, vorgeschlagen von der

PDS, zur Verfassungsrichterin in Brandenburg. Sie hätte sich mit dem Waldheim-Kapitel ihres letzten Buches demonstrativ außerhalb von Grundprinzipien des Rechtsstaats gestellt. Sie hätte die Waldheim-Prozesse 1950 in der DDR relativiert.

Hat sie? «Hab ich nicht. Aber das ist mir jetzt wirklich zuviel. Jeder will plötzlich ein Interview, und nun kommen Sie auch noch! Ich hab abends eine Lesung in Güstrow und dann flieg ich nach Indien. Wissen Sie was? Ich kann nicht mehr!» Und das sei überhaupt nicht unfreundlich gemeint. Wir vereinbaren schriftliche Fragen, denn, so sagt Daniela Dahn, jedes Wort werde im Augenblick gegen sie verwendet. Man kann diese Frau mit Wörtern wirklich erschrecken …

Überhaupt, wie könne sie anderen denn sagen, warum sie schreibe? Wenn sie das sagen könne, bräuchte sie nicht zu schreiben. Vielleicht schreibt sie ja wegen der Gerechtigkeit. Schreiben ist ja immer ein Akt der Gerechtigkeit. Und es zwingt zur Konsequenz. Daniela Dahn mag Konsequenzen. Ihr Vorschlag zum Asylrecht: Jeder Angehörige eines Volkes, dem wir für «unsere asoziale Verpackung und Reklame» die Wälder roden, hätte ein Menschenrecht auf den deutschen Wald. Es war noch nie einfach mit den Fundamentalisten unter den Kulturkritikern. Aber irgendwer muß den Job schließlich machen.

Daniela Dahn glaubt an die sozialen Menschenrechte, zum Beispiel an das Recht auf Arbeit. Sie hat oft gehört, das Recht auf Arbeit lasse sich in einer freien Marktwirtschaft nicht realisieren. Daraus, sagt sie, ergeben sich genau zwei Möglichkeiten. Entweder das Menschenrecht sei falsch (und müsse geändert werden) oder das System. Das ist noch keine extremistische Aussage, nur eine Konsequenz. Und die Freiheit des Schreibenden ist nun mal die Unterwerfung der Wirklichkeit, wenn auch nur augenblicksweise, auf dem Papier …

Freiheit und Gemeineigentum, kein Widerspruch für Daniela Dahn. In ihrem Häuser-Buch hat sich Daniela Dahn durch ganze Paragraphenwälder gearbeitet, und doch ist ihr Blick unmittelbar geblieben. Anders entsteht keine Literatur. Anders wird man dem einzelnen nicht gerecht. Und ihr Blick gilt den Menschen. Es ist – zuletzt – ein moralischer Blick. Daß beim Prozeß gegen die Waldheim-Richter, die damals verurteilten «nachweislich hohen Nazis» grundsätzlich als «Geschädigte» bezeichnet wurden, empört sie. Und sie fühle sich «gedemütigt, wenn der Bundestag, das Parlament des Staates, der Rechtsnachfolger des Dritten Reiches, anders als die Volkskammer, ohne Einzelfallprüfung alle Verurteilten von Waldheim per Gesetz rehabilitiert und ihnen oder ihren Nachkommen hohe Entschädigungen zahlt». So steht es in «Vertreibung ins Paradies», ihrem letzten Buch. Moralisch ist diese Demütigung begreiflich. Als Verfassungsrichterin dürfte ihr ein solcher Satz nicht unterlaufen. Denn diese Rehabilitierung erfolgte nicht aus Sympathie für alte Nazis, sondern einfach deshalb, weil man die Prozesse als illegitim erkannte. Der juristische Blick ist niemals ein bloßes Surrogat des moralischen.

Leider hat die Bundesrepublik uns das selbst nahegelegt, dieses bedenkliche, unmittelbare Rechtsempfinden mit den Politbüroprozessen und anderen bestärkt. Welch bis ans Groteske reichende Konstruktionen mußte man aufbieten, um sie überhaupt führen zu können! Dagegen will Daniela Dahn sich wehren. Gegen das notwendig Ahistorische dieser Verfahren, die vielleicht verurteilen, aber Geschichte nie wirklich begreifen können. In dem Kapitel zu den Waldheim-Prozessen hat sie genau diese geschichtliche Einordnung versucht. Wie ging man zur selben Zeit in anderen Ländern mit Nazis oder Kollaborateuren um? Nicht viel anders. Standrechtliche Erschießungen, Denunziationen, mangelhafte Verfahren keine Seltenheit …

In der Bundesrepublik genüge es, von Kommunisten verurteilt worden zu sein, um als Faschist voll rehabilitiert zu werden, urteilt Daniela Dahn. Eine moralische Anmutung, sicher. Die Frage wird sein, ob sie sich von dieser Perspektive lösen kann. Aber, und das ist wichtig, in ihrem Buch sprach Daniela Dahn als Autorin, nicht als Verfassungsrichterin …

14. November 1998, Interview mit Daniela Dahn in der Berliner Wochenzeitung FREITAG
Wieviel Kritik braucht die Demokratie?

FREITAG: *In dem Possenspiel aus der Brandenburger SPD-Provinz haben sich inzwischen die Begründungen dafür, weshalb Sie als Verfassungsrichterin ungeeignet sein sollen, gewandelt. Nachdem sich namhafte Kollegen, darunter unsere beiden Herausgeber Gaus und Hein, sowie Juristen hinter Sie und Ihre Texte gestellt haben, hieß es plötzlich, nicht Ihre Schriften, sondern Ihr Auftritt vor der SPD-Fraktion sei entscheidend für die Ablehnung gewesen.*

Nach dieser Anhörung hat sich die Fraktion aber komischerweise für mich ausgesprochen, und auf Empfehlung des Hauptausschusses wurden bereits die Wahllisten mit meinem Namen gedruckt. Nein, einige selbsternannte Verfassungsschützer haben offenbar im letzten Moment geglaubt, meine umstürzlerischen Absichten durchschaut zu haben. Sie finden es verdächtig, wenn ich als Motiv angebe, mich in diesem Amt gestaltend in die Demokratie einbringen zu wollen. Die Aufgabe der Richter sei nämlich nicht zu gestalten oder zu verändern, sondern zu verteidigen.

Eine kuriose Logik.

Allerdings. Denn man muß doch gerade die Verteidigung gestalten. Verfassungsgerichte kontrollieren die staatliche Gewalt am strengsten Maßstab der Verfassung. Sie haben dabei dennoch mehr Interpretationsspielräume als andere Gerichte. Bei dem Urteil zu Horno galt es z. B., das Recht der Sorben auf Erhaltung ihres angestammten Siedlungsgebietes und die Pflicht des Landes zum Schutz der Natur und gewachsener Kulturlandschaften genauso zu bedenken wie das Staatsziel, eine Politik der Vollbeschäftigung und Arbeitsförderung zu betreiben. Dieser Widerspruch mußte mit juristischen Argumenten gelöst werden. Es lag in der Hand der Richter, ob Horno nun abgebaggert wird oder nicht. Das heißt, Urteile greifen natürlich in die Gestaltung bestimmter Lebensbereiche ein. Denken Sie nur an die Rechtschreibreform, die Kruzifixe oder das Abtreibungsrecht. Auch für Verfassungsrichter gilt das Recht auf politische Mitgestaltung.

Aber Gerichte sind nicht die Hauptinstrumente gesellschaftlicher Veränderung.

Selbstverständlich nicht. Aber ins Parlament wollte ich nicht, und in der Öffentlichkeit bin ich schon. Mich interessiert, die Demokratie auch einmal an dem Punkt kennenzulernen, an dem es eben nicht um persönliche politische Überzeugungen geht, sondern um die Einhaltung einer Norm. Eben der Verfassung.

Daß Nichtjuristen in ein Landesverfassungsgericht gewählt werden, ist so häufig nicht. Es ist zwar in fast allen bundesdeutschen Ländern möglich, aber meines Wissens wird davon kaum Gebrauch gemacht. Haben Sie sich im Geist des Runden Tisches bereit erklärt, dort mitzuarbeiten?

Das kann man so nicht sagen, denn am Runden Tisch ging es darum, eine Verfassung zu entwerfen, hier aber soll über ihre Einhaltung gewacht werden. Die Brandenburger Verfassung hat allerdings Berührungspunkte mit dem Entwurf des Runden Tisches. Sie bietet eine Konkretisierung des Sozialstaatsgebots, enthält Forderungen nach dem Recht auf Bildung, auf soziale Sicherheit, auf Arbeit. Sie hat stärker als das Grundgesetz plebiszitäre Elemente. Sie gilt unter Fachleuten als die modernste Verfassung Deutschlands.

Wären Sie in diesem Amt so etwas wie ein Schöffe im Zivilprozeß?

Ich würde mich jedenfalls nicht als dilettierende Juristin verstehen, sondern als jemand, der aus der Kenntnis der Lebensverhältnisse, der Probleme und Fragen der Menschen die Argumentationstiefe der Juristen herausfordert. Und als Schriftstellerin würde ich mich darum bemühen, daß dies in einer Sprache geschieht, die die Bürger verstehen.

Könnte es nicht einen Interessenkonflikt geben, wenn Sie über diese Vorgänge schreiben wollen?

Ich habe noch so viele unerledigte Themen im Kopf, daß ich auf diese Fälle nicht angewiesen bin. Als nächstes will ich übrigens etwas Belletristisches schreiben. Aber davon abgesehen – es gibt doch viele publizierende Verfassungsrichter. Das Beratungsgeheimnis ist mir bekannt. Aber nach Abschluß eines Urteils ist es natürlich möglich, über die behandelten Grundtendenzen gesellschaftlicher Entwicklung zu reflektieren. Ein Interessenkonflikt könnte sich höchstens aus der zeitlichen Belastung ergeben. Aber es handelt sich ja um ein Ehrenamt, so daß ich davon ausgehe, daß genügend Zeit für die eigentliche Arbeit bleibt. Und weil das immer alle wissen wollen: Die Vergütung für diese Tätigkeit ist eher bescheiden. Ein Brandenburger Verfassungsrichter erhält eine Aufwandsentschädigung in Höhe eines Drittels der Bezüge eines Landtagsabgeordneten.

Wenn soviel von Ehre die Rede ist, wäre es doch gut zu wissen, was Sie in den Augen der Mehrheit der SPD-Fraktion eigentlich in den ehrabschneidenden Ruf gebracht hat, «außerhalb von Grundprinzipien des Rechtsstaates zu stehen»?

Wenn ich Reizthemen aufgreife, fühlen sich manche Leute so provoziert, daß sie den Gesamtzusammenhang aus dem Auge verlieren und ihren Unwillen auf einzelne Worte oder Formulierungen konzentrieren. Ein Stein des Anstoßes war der Essay über die Waldheimprozesse aus meinem letzten Buch, über den wir ja ausführlich in unserem Interview vom 12. Juni dieses Jahres gesprochen haben. Eine andere Formulierung aus unserem Gespräch wird mir jetzt auch unter die Nase gerieben, Sie erinnern sich: Ich zitierte den Ministerialdirektor im baden-württembergischen Arbeitsministerium, Manfred Zach: «Uniformer als unsere Beamten- und Funktionärsparlamente gegenwärtig sind, lassen sie sich kaum denken ... Die Folge ist die politische Hegemonialisierung von Teil- und Eigeninteressen zu Lasten gesamtgesellschaftlicher Lösungen, plakativer gesagt: die Ausgrenzung und zugleich Entsolidarisierung des Volkes als Souverän.» ... Wo kommen wir denn hin, wenn ich mir Vorschriften machen lassen muß, ob es genehm ist, die Ausgrenzung des Wählers eine Perversion nennen zu dürfen? Es mag ja sein, daß meine Sorge übertrieben ist, klar ist doch aber, daß mein Engagement immer eines für und nicht gegen die Demokratie ist.

Ein Richter soll sich offenbar gemäßigter ausdrücken.

Hans Herbert von Arnim, der für die Grünen im Brandenburger Verfassungsgericht saß, hat es viel härter formuliert: «In der Demokratie müßte eigentlich der Bürger entscheiden, wer ihn repräsentieren soll. Tatsächlich aber wird ihm fast jede Auswahlmöglichkeit vorenthalten. In der Regel präsentieren die Parteien feste Listen, die der Bürger nur als Ganzes annehmen oder ablehnen kann. So steht der allergrößte Teil der Bundestagsabgeordneten schon vor der Wahl fest. Der Wähler wird – weit über das durch die Massendemokratie Notwendige hinaus entmachtet ... Es gilt also, das System zu ändern.» Wenn ein ordentlicher westlicher Rechtsprofessor so etwas sagt, regt das niemanden auf. Wenn aber jemand aus dem Umfeld der PDS kommt, da muß man wie ich gar nicht Mitglied sein, es genügt, von den Roten vorgeschlagen worden zu sein, da ist man für den Vorwurf der mangelnden Rechtsstaatlichkeit automatisch freigegeben. Ich habe dieses Risiko einkalkuliert. Wenn man die politische Kultur in diesem Punkt verbessern will, muß man da durch.

Wollen Sie das System etwa nicht ändern?

Was ist denn das System? Ich habe immer betont, daß die Garantie der bürgerlichen Freiheiten und der Rechtsstaatlichkeit «die größte politische Leistung der menschlichen Zivilisation» ist. Darüber hinaus bin ich allerdings überzeugt, daß Reparaturen am Kapitalismus nicht genügen. Eine neue Ordnung von Wirtschaft und Gesellschaft ist nötig. Das Grundgesetz ist übrigens für den Demokratischen Sozialismus, der mir vorschwebt, bestens geeignet.

Als Schriftstellerin werden Sie für Ihre Fähigkeiten zuzuspitzen, zu kontern, anzuzweifeln, querzudenken, derzeit hochgelobt, als Richterin sollen diese Fähigkeiten angeblich hinderlich sein. Kann es denn ein Zuviel an kritischem Einspruch geben? Wird eine Entscheidung nicht um so eingängiger, je mehr kritische Einwände sie im Prozeß der Urteilsfindung einbezieht?

Das ist doch das Elend der deutschen Intellektuellen: Im Feuilleton und auf Podiumsdiskussionen dürfen sie sich austoben, weil das niemanden interessiert und nichts bewirkt. Kommen sie aber in die Nähe von Institutionen, in denen auch mal Entscheidungen fallen, wird ihnen bedeutet, daß sie stören. In anderen Ländern sind Schriftsteller Botschafter, Minister, sogar Staatspräsident.

Wenn Sie das wissen, warum schmeißen Sie den ganzen Bettel dann nicht hin?

Wissen Sie, es hat drei Jahre gedauert, bis ich überredet war, mich für dieses Amt zur Verfügung zu stellen. Wenn ich eine Entscheidung getroffen habe, kann ich auch sehr dickköpfig sein. Jetzt kann ich der SPD-Fraktion nicht mehr ersparen, noch einmal gegen mich zu stimmen. Jetzt will ich es wissen: Wieviel Kritik braucht die Demokratie?

Inzwischen meldete sich eine Potsdamer Bürgerinitiative in einem Brief an die SPD-Abgeordneten des Brandenburger Landtags zu Wort. In einem Interview mit Inforadio Berlin-Brandenburg bezeichnete ein Mitunterzeichner, der Potsdamer Theaterregisseur Günter Kroikiewicz, die Texte der Schriftstellerin als «Geschwafel».

17. November 1998, **Brief der Potsdamer Bürgerinitiative**

Sehr geehrte Damen und Herren,
wir unterstützen Sie in Ihrer Entscheidung, die Autorin Daniela Dahn nicht zur Richterin des brandenburgischen Verfassungsgerichtes zu wählen und fordern Sie nachdrücklich auf, Ihre Ablehnung beizubehalten.

Das Amt einer brandenburgischen Verfassungsrichterin verlangt eine Persönlichkeit, die sich durch ein hohes Maß an Akzeptanz in der Gesellschaft auszeichnet. Diese Voraussetzung erfüllt die umstrittene Autorin Daniela Dahn nicht.

Der Versuch an sich, die unbestreitbaren Schwierigkeiten und mitunter anfechtbaren Entscheidungen im Zusammenhang mit der deutschen Einheit zu beschreiben, ist zeitgemäß und wichtig. Manche Passagen in ihrem Buch «Westwärts und nicht vergessen. Vom Unbehagen in der Einheit» (1996) sind jedoch nicht anders als zynisch und z. T. auch menschenverachtend zu verstehen.

Einige Beispiele sollen diesen Vorwurf belegen. So äußert sich Frau

Dahn zu dem seinerzeit von der Stasi konzipierten «Vorbeugekomplex» (davon wären ca. 86 000 Personen betroffen gewesen) folgendermaßen: «Wenn ich es mir recht überlege, bedaure ich, daß die Stasi dieses Vorhaben nicht doch noch rechtzeitig vor der Wende verwirklicht hat. Es wäre die letzte Chance gewesen, sich noch einmal mit guten Freunden in jenen Burgen und Schlössern aufzuhalten, bevor diese an Alteigentümer zurückgegeben werden.»

An anderer Stelle äußert sich Frau Dahn zu den 248 Toten an der Mauer, die bei ihr lediglich zur Statistik taugen, von Mitgefühl ganz zu schweigen: es waren nur 0,08 Prozent derer, die «aktiv geworden sind, um das Land zu verlassen». Mit anderen Worten: diese Opfer waren selber Schuld.

In der Summe ihrer Argumente kommt sie zu dem fatalen Schluß, daß der Rechtsstaat Bundesrepublik der Diktatur der DDR gleichkommt. «Mit Blick auf die von mir erlebte poststalinistische DDR und die finanzstalinistische BRD scheint mir: Die Summe der Repressionen ist immer gleich.»

Solche Gedankenspiele sind legitime Meinungen einer freien Autorin, lassen aber die moralische und intellektuelle Kompetenz missen, die das Amt einer Verfassungsrichterin benötigt. Wir bestärken Sie deshalb darin, dieses Amt nur Personen zu übertragen, deren Integrität außer Frage steht und die sich eindeutig zu den demokratischen Grundlagen dieses Landes bekennen.

Klaus Büstrin (Journalist) – Edith Doernbrack (Dozentin) – Dr. Gebhard Falk (Archivar i. R.) – Karl Fischer (Mitarbeiter im Brandenburgischen Bildungsministerium) – Uta Gerlant (Berlin; Förderverein Memorial / St. Petersburg) – Nadja Gogolin (Psychologin) – Dr. Sigrid Grabner (Schriftstellerin) – Prof. Dr. Günther Hasinger (Direktor Astrophysikalisches Institut Potsdam) – Renate Kersten (Theologin) – Hartmut Knitter (Historiker) – Barbara Kreiß-Hasinger (Buchhändlerin) – Ralf-Günter Kroikiewicz (Regisseur, Schauspieler) – Dr. Norbert Lademann (Hochschullehrer, Anglist) – Markus Meckel (Mitglied des Deutschen Bundestages) – Steffen Mühle (Künstler) – Lonny Neumann (Schriftstellerin) – Grit Poppe (Schriftstellerin) – Hendrik Röder (Geschäftsführer des Brandenburgischen Literaturbüros) – Gisela Rüdiger (Verwaltungsangestellte) – Prof. Dr. Günther Rüdiger (Astrophysiker) – Karim Saab (Literaturkritiker) – Gabriele Schnell (Autorin) – Dr. Emil Schnell (Mitglied des Deutschen Bundestages) – Dorothea Schiefer (Juristin) – Dagmar Schobert (Bibliothekarin) – Elisabeth Schöneich (Kulturwissenschaftlerin) – Dr. Reinhard Schöneich (Arzt) – Caria Schulze (Filmemacherin) – Lutz Seiler (Leiter Gedenkstätte Peter-Huchel-Haus) – Gudrun Tschäpe (Lehrerin) – Dr. Rudolf Tschäpe (Physiker) – Gerhard Vollbrecht (Ingenieur) – Helge Vollbrecht (Angestellter) – Manuela Vollbrecht (Maklerin) – Ursula Vollbrecht (Lehrerin i. R.) – Dr. Peter Walther (Geschäftsstelle Märkische Dichterlandschaft) – Christian Wendland (Architekt) – Dieter Wendland (Grafiker) – Thomas Wernicke (Wissenschaftlicher Mitarbeiter) – Hannes Wittenberg (Diplom-Museologe)

1. Dezember 1998, Neues Deutschland
Keine Konsequenzen für «Verurteiler»
Leserbrief von Helmut Päpke

Die Leiterin der Potsdamer Gauck-Außenstelle, Gisela Rüdiger, Koordinatorin der Initiative von Ex-Bürgerrechtlern gegen die Wahl der Schriftstellerin Daniela Dahn zur Verfassungsrichterin in Brandenburg, kann man schon verstehen. Könnten doch die Untersuchungen und Fragestellungen von Dahn zur Gauck-Behörde mit dazu beitragen, den Blick zu schärfen für spektakuläre Bekundungen der Behörde zu unbequemen Zeitgenossen.

... An eine Mehrheitsfraktion wird nun das Ansinnen gerichtet, mit der Ablehnung als Verfassungsrichterin zugleich den kritischen Blick auf Realitäten des politischen Lebens, die aus dem Einigungsprozeß herrühren, zu bestrafen ...

Brief des Landesverbandes Deutscher Schriftsteller Brandenburg
an die Abgeordneten des Landtages

... Wir sind auf fatale Weise an die Kampagne erinnert, mit der in der DDR Wolf Biermann verunglimpft wurde. Wir behaupten nicht, daß die vierzig Unterschriften unter jenen Brief vom Landtag erbeten worden wären. Wir bezweifeln nicht, daß Sie als Abgeordnete die Urteilsfähigkeit besitzen, unterscheiden zu können zwischen Aussagen einer Autorin und willkürlich aus ihrem Zusammenhang gerissenen Zitaten. Diese Praxis, die in der DDR üblich war und die das Privileg dilettierender Literaturkritiker bleiben sollte, ist bei der Suche nach einem integren Verfassungsrichter völlig verfehlt. Wer an der Verfassungstreue von Frau

Dahn zweifelt, zweifelt an der Demokratiefähigkeit von Tausenden ihrer Leser.

Unterschrieben u. a. von Till Sailer, Jutta Schlott, Christa Müller, Hans Müncheberg, Gerda Weinert und Ruth Kraft.

24. November 1998, **Erklärung des PDS-Fraktionsvorsitzenden Lothar Bisky** zum Offenen Brief der Brandenburger Bürgerinitiative

«Die Wortwahl und die Methode der Initiative stellt vergleichbare Vorgänge der SED-Kulturpolitik in den Schatten und sollte deshalb im Bundesarchiv bei den SED-Akten abgelegt und der Nachwelt erhalten werden.

Sind wir schon wieder so weit, daß Denunziation kritischer Intelligenz alltäglich wird? Es gibt nur ein Kraut, was dagegen gewachsen ist: Lesen Sie ihre Bücher!»

Wer wissen möchte, was Daniela Dahn wirklich geschrieben hat, der lese in «Westwärts und nicht vergessen» die Seiten 118ff (zur Mauer), 142ff (zu den Internierungslagern), 198ff (zu den Repressionen) oder in «Vertreibung ins Paradies» die Seiten 188ff (zu Waldheim).

Eine interessante Bewertung der publizistischen Arbeit Daniela Dahns gab die Rundfunkjournalistin Claudia Wolff. Ihre Interpretation erklärt vielleicht die Ursachen mancher ostdeutscher Ressentiments gegen die Schriftstellerin.

27. November 1998, Westdeutscher Rundfunk
Buchbesprechung von «Vertreibung ins Paradies»
von Claudia Wolff

… Die Westdeutschen haben sich mit dem Aufschwung, auch Wirtschaftswunder genannt, in der Demokratie einrichten dürfen, die Ostdeutschen sollen es im Abschwung schaffen – das, in der Tat, ist die große Gemeinheit …

Daniela Dahn ist gelegentlich vorgeworfen worden, sie wolle die DDR schönreden. Das ist ein unstimmiger Vorwurf. Sie redet auch ihre eigene Geschichte nicht schön, berichtet von einem Journalisten-Leben zwischen Widersetzlichkeiten und Anpassungszwängen, zwischen Mut und Mutlosigkeit. Nur Idioten im Westen wissen von ihrer eigenen Anpassung nichts. Nein, Daniela Dahn will die DDR nicht schönreden, sie will die DDR relativieren, das heißt auf deutsch: in Beziehung setzen, nämlich zur Bundesrepublik, zum Westen ...

28. November 1998, Ossietzky, Nr. 23
Wessen Zuhause ist das Paradies?
Von Otto Köhler

Noch gibt es – jedem das Seine – Unterschiede in diesem Land. Und das ist gut so, damit ein jeder wisse, wo er seinen Platz in dieser Gesellschaft findet und was das für eine Gesellschaft ist, in der er sich befindet. Niemand beweist das besser als die Hüter unserer Verfassung. Da gab es in Karlsruhe den Bundesverfassungsrichter Willi Geiger: bis zu seinem Tod – die deutsche Vereinigung durfte er noch miterleben – eine Stimme der Freiheit. Und da gibt es im Anschlußgebiet die parteilose Schriftstellerin Daniela Dahn, die «Stimme des Ostens» (taz): auf Vorschlag der PDS sollte sie eines der drei Mitglieder des Brandenburger Verfassungsgerichtes werden, für die keine juristische Ausbildung vorgeschrieben ist.

Aber man kann unterscheiden in diesem Land zwischen wertvollen und weniger wertvollen Menschen. Auch und gerade die deutsche Sozialdemokratie kann das. Sie hat nicht protestiert, als Willi Geiger Verfassungsrichter wurde, denn im Gegensatz zu Daniela Dahn genoß er eine solide juristische Ausbildung. Als Staatsanwalt am Sondergericht Bamberg beantragte er – mit Erfolg, die Exekution ließ er plakatieren – die Todesstrafe gegen Kazimirz Stasnak, der bestritt, als 18jähriger sexuelle Handlungen mit einer Minderjährigen begangen zu haben. Und Todesstrafe beantragte er noch in mindestens fünf weiteren Fällen. Als das Bundesverfassungsgericht 1975 über die Berufsverbote zu entscheiden hatte, war er der sachkundige Berichterstatter für seine Richterkollegen; er hat das Urteil formuliert, wonach jeglicher Bewerber um ein Amt «seiner Persönlichkeit nach» die Gewähr bieten musse, «jederzeit für die freiheitliche demokratische Grundordnung einzutreten» ...

Sachkundig für Berufsverbote war Geiger schon seit 1941, als er in seiner Dissertation über «Die Rechtsstellung des Schriftleiters» den Redakteur «untragbar» nannte, der «sich in seiner beruflichen oder politischen Betätigung als Schädling an Volk und Staat erwiesen» hat, etwa durch frühere «Tätigkeit für die marxistische Presse». Berufsverbot gilt, nein galt damals nach der Überzeugung des späteren Bundesverfassungsrichters auch für Juden, weil der Schriftleiter «grundsätzlich arischer Abstammung sein muß». Daniela Dahn hätte da nicht Schriftleiterin werden können. Und unter den Brandenburger Sozialdemokraten soll sie nun nicht Verfassungsrichterin werden.

Der SPD-Pfarrer Kuhnert und mit ihm die Mehrheit seiner Fraktion wirft ihr vor, geschrieben zu haben, «daß dieses Land (Bundesrepublik Deutschland) nicht ihr Land sei». Das aber ist verfassungsfeindlich. In dem Berufsverbotsurteil, das der von der SPD mitgewählte Bundesverfassungsrichter Willi Geiger aus dem Schatz seiner Erfahrungen mit jeglichem Staat formuliert hat, ist nämlich festgelegt: «Der Staat – und das heißt hier konkreter, jede verfassungsgemäße Regierung und die Bürger – muß sich darauf verlassen können, daß der Beamte (…) sich in dem Staat, dem er dienen soll, zu Hause fühlt – jetzt und jederzeit.»

Daniela Dahn versucht sich herauszureden. Sie habe, sagt sie, den Satz, dies sei nicht ihr Land, nur in einem einzigen Zusammenhang auf Seite 199 ihres Buches «Vertreibung ins Paradies» geäußert. Dort zitiert sie den Bundesbildungsminister Rüttgers, der im Oktober 1997 laut Hauptnachrichtensendung auf dem CDU-Parteitag seine Devise zur Verbesserung der Bildungschancen verkündete: «Nicht jedem das Gleiche, sondern jedem das Seine.» Wenn angesichts dieser KZ-Parole der Nazis «kein Aufschrei durch das Land» ging, so Daniela Dahn, «weiß ich, hier bin ich falsch, dies kann nicht mein Land sein».

Na eben, wer nicht zu den KZ-Parolen seines Landes Ja sagt, kann, das lehrt uns Willi Geigers Vorbild, auch nicht dessen Verfassungsrichter sein. Geiger konnte – und kein Sozialdemokrat hat ihm seine Stimme verweigert. Ein Staat macht sich unglaubwürdig, wenn da, wo ein Willi Geiger Verfassungsrichter sein konnte und in seiner Rechtssprechung zu verwirklichen vermochte, was er als Scharfrichter gelernt hatte, auch eine Daniela Dahn Verfassungsrichterin sein könnte. Insofern haben die Brandenburger Sozialdemokraten konsequent gehandelt, als sie Daniela Dahn ablehnten. Sie fühlten sich in dem Staat, in dem sie angekommen sind, zu Hause, jederzeit gegen jedermann und gegen jede Frau, bis zum letzten Blutstropfen. Willi Geiger ist ihr Volksgenosse, Daniela Dahn aber ist Genossin der Ossis, die sich weigern, auf den Höhen dieser Rechtskultur anzukommen.

28./29. November 1998, Neues Deutschland
Silbenstecher und aufmüpfige Duckmäuser
Von Wilfried Neiße

... Die neue Lage innerhalb der SPD läßt sich nicht auf einen Ost-West-Konflikt innerhalb der SPD reduzieren, wie PDS-Geschäftsführer Heinz Vietze vermutet. Zwar gibt es mit dem Trio Ulrich Freese als Abgeordneten, Friedhelm Schmitz-Jersch als Fraktionsgeschäftsführer und dem Fraktionssprecher Ingo Decker, alle Westdeutsche, ein Trio, dem die Abwehr von Frau Dahn Herzenssache ist und das enorme Initiativen dafür entfaltet. Reinheit über Einheit. Tagelang bewährte sich der Sprecher als Silbenstecher – den Telefonhörer in der einen, Daniela Dahns Buch in der anderen Hand, dozierte er wie ein katholischer Zensor. Das ist aber nur die eine Seite. Auf der anderen hatte der ebenfalls aus den alten Bundesländern stammende Abgeordnete Jochen Franck den Mut, der Fraktionsmehrheit pharisäerhaftes Verhalten vorzuwerfen und das im ORB auch öffentlich zu sagen. «Nun stehen wir mal gegen Stolpe auf, und dann ist es auch wieder nicht recht», klagte ein Abgeordneter. Natürlich bleibt bezeichnend, woran dieser Männerstolz vor Königsthronen exekutiert wird: An einer ostdeutschen Frau, die, unabhängig davon, was sie selbst dazu sagen würde, als PDS-nah gilt, also im politischen Establishment keinen Rückhalt hat. Daniela Dahn ist eine Publizistin, die jüngste Geschichte oder Zeitgeschichte eben nicht innerhalb jenes geistigen Intervalls beschreibt, das von SPD bis CDU für geboten gehalten wird. Bei allen literarischen Erfolgen ist sie Exotin auf gefährlichem Grat. Sie zweifelt in manchen Produkten provokant an bundesdeutschem Selbstverständnis. Und ostdeutsche SPD-Landtagsabgeordnete haben dieses Verständnis in der Regel übernommen, sonst wären sie nicht in ihrer Position. Daniela Dahn ist, sofern sie sich treu bleibt, wirklich viel zuzutrauen. Möglicherweise wird sie die Verantwortung der SPD-Abgeordneten für Fehlentwicklungen der letzten Jahre benennen, möglicherweise ein Versagen dieser Abgeordneten herausarbeiten. Die Angst vor Daniela Dahn ist die unbewußte Angst, jemandem eine Position zu geben, der «nicht mitspielt». Die Furcht vor dem Gesichtsverlust kommt dazu.

29. November 1998, Welt am Sonntag
Wenn der Haß die Feder führt
Von Klaus Bölling

Es sollte mich nicht wundern, wenn sich demnächst ein «Verein der Freunde der humanistischen DDR» etabliert, angeregt durch die Ostberliner Journalistin Daniela Dahn.

Günter Grass, Friedrich Schorlemmer und die stets zu «Wessi»-Schmähungen aufgelegte Potsdamer Sozialministerin Hildebrandt haben ihre sehr unterschiedliche intellektuelle Autorität einer Frau geliehen, die von den eigenen Sympathisanten zur «Stimme des Ostens» gekürt worden ist.

Es geht um eine Autorin, die sich in ihren Büchern als schneidige Anklägerin gegen den deutschen Westen interessant gemacht hat, wo, nach Meinung von Dahn, der «repressive Zwangsindividualismus» zu Hause ist und wo «täglich millionenfach die Menschenrechte verletzt» werden (weil das «Recht auf Arbeit» nicht einklagbar ist).

Diese Frau, eine begabte Schreiberin fraglos, soll, wenn es nach den Wünschen der PDS geht, in das Verfassungsgericht des Bundeslandes Brandenburg gewählt werden, dem, neben rechtskundigen Frauen und Männern, auch drei Laien angehören dürfen. Erst haben die Sozialdemokraten in der Landtagsfraktion die Kandidatin der PDS akzeptieren wollen. Etwas später kamen ihnen Zweifel, ob ein Gericht, dem die vornehme Aufgabe zugewiesen ist, über den Schutz der Verfassung zu wachen, eine Richterin ertragen kann, die aus ihrer feindseligen Haltung zu dem im Westen gewachsenen Verfassungsstaat keinen Hehl macht. Sie schmückt sich damit, Frau Dahn berühmt sich, daß sie hunderttausende Exemplare ihrer Bücher hat verkaufen können. Wen wundert's? In der alten DDR wabern neun Jahre nach deren unrühmlichem Ende eine Menge Ressentiments gegen das demokratische System. Freiheit, was ist das schon? Nur Gleichheit zählt.

Daniela Dahn ist ein Katalysator dieser demokratiefeindlichen Stimmung. Meines Wissens hat sich kein anderer Autor in so verächtlicher, agitatorischer und zugleich simplistischer Manier über die alte Bundesrepublik geäußert. Dahn bündelt in ihren Büchern die Animositäten vieler DDR-Bürger. Das läßt sich nicht einfach als «Osttrotz» verharmlosen. Es ist schlecht verhüllter Haß auf unsere politische Ordnung, der Dahn die Feder geführt hat.

Ich blättere in ihrem Pamphlet «Vertreibung ins Paradies» und finde dort eine zynische Rechtfertigung jener Freisler-verwandten SED-Richter, die in Waldheim, wenige Jahre nach dem Krieg, maschinell Todesurteile verhängten, ohne die Schuldfrage gewissenhaft untersucht zu haben. Dahn aber empört sich darüber, daß diesen «Volksrichtern» nach der Wende der Prozeß gemacht worden ist. Man habe damals doch nicht einen «salonfähigen Antifaschismus» erwarten dürfen. Ein schrecklicher, ein demaskierender Satz!

Die «vagabundierende Linke», wie sich Dahn kokett selber beschreibt, solidarisiert sich mit jenen gewissenlosen Richtern und unterstellt den Vertretern des Rechtsstaates, die jenen willigen Vollstreckern 1992 einen fairen Prozeß gemacht haben, Rachejustiz. Schiere Demagogie.

Eine solche Frau soll Platz und Stimme ausgerechnet in einem Verfassungsgericht bekommen? Das wäre ein deutscher Skandal. Der «Fall Dahn» illustriert die Neigung mancher ostdeutscher Bürger und Politiker, den notorischen Polizeistaatscharakter des Honecker-Ulbricht-Regimes zu leugnen oder zu verwischen. Auch Dahn suggeriert, daß, von kleinen Schönheitsfehlern abgesehen, die DDR der bessere, weil menschlichere deutsche Staat gewesen ist. Nicht nur das. Wenn man ihr folgt, ist es gerade die alte Bundesrepublik, die repressiv und ausbeuterisch war und immer noch ist, während die DDR wirkliche Gleichheit, menschliche Wärme und Geborgenheit verbürgt hat.

Westdeutsche Intellektuelle, die die Vereinigung unseres Landes noch heute als ein Unglück beklagen, machen aus Dahn eine Jeanne d'Arc der angeblich gedemütigten Ostdeutschen. Welche Verblendung!

Es heißt, daß der Potsdamer Justizminister Bräutigam die Auffassungen der Autorin Dahn «verheerend» genannt hat. Das sollte er auch laut sagen. Inzwischen haben Brandenburger Bürger, unter ihnen etliche Bürgerrechtler, gegen eine Kandidatur von Frau Dahn protestiert. Die Sozialdemokraten in Potsdam dürfen diesen Protest nicht überhören. Es sei denn, sie wollen die Opfer des deutschen Stalinismus mutwillig verhöhnen.

23. Dezember 1998, Ossietzky, Nr. 25
Der Sieg über Daniela Dahn
Von Otto Köhler

Die Wessis und ihre U-Boote in der SPD-Fraktion des Brandenburger Landtags haben gesiegt. Ein Pyrrhus-Sieg, der nicht allein auf den inzwischen seine Tat (OSSIETZKY 23/98) bereuenden eingeborenen SPD-Pfarrer Andreas Kuhnert zurückgeht. Der Sieg über Daniela Dahn hat noch ganz andere Väter, die sich in einem einig sind: den Ostdeutschen, die immer noch nicht gesonnen sind, sich dem Westen widerspruchslos zu unterwerfen, ein für allemal klarzumachen, wer der Herr in ihrem Land ist.

«Die Welt», das Führungsblatt des Springer-Konzerns, eröffnete die Hatz. Thomas Schmid, der vom linksextremen «Pflasterstrand» über die Hamburger Prostituiertenpost jetzt als «Chefkorrespondent» der «Welt» angekommen ist, ließ in der von ihm geleiteten Beilage «Die Literarische Welt» einen anonymen Mitarbeiter, mutmaßlich aus der Gauckbehörde, auf die «Heroine» des «Osttrotzes» (sic!) los, die von «den westlichen Medien geradezu masochistisch gepriesen» worden sei.

Das wollten sich die Westmedien nicht länger vorwerfen lassen:

Im Rechtsaußen-Schwesterblatt «Welt am Sonntag» eröffnete Klaus Bölling die nunmehr einsetzende Kampagne jener Westpresse, die ohnedies wütend ist über viel zu geringe Verkaufszahlen im Osten: «Der ‹Fall Dahn› illustriert die Neigung mancher ostdeutscher Bürger und Politiker, den notorischen Polizeistaatscharakter des Honecker-Ulbricht-Regimes zu leugnen oder zu verwischen», schrieb Bölling.

Da hat wohl verdienter Selbsthaß die Feder geführt. Als im Januar 1988 bei der großen Rosa-Luxemburg-Demonstration dieses Honecker-Regime über hundert unerwünschte Demonstranten festnehmen ließ, begegnete Bölling den Protesten westlicher Friedensgruppen mit der Warnung, nicht «von hier aus immer gleich die SED-Führung vor ein Tribunal zu stellen». Und noch im August 1989 setzte er sein volles Vertrauen auf diesen notorischen Polizeistaat: Den Botschaftsbesetzern in Ostberlin und Prag müsse klargemacht werden, daß ihr Weg falsch sei (Daniela Dahn stand längst schon auf seiten der innerparteilichen SED-Opposition).

An solcher Bevormundung durch den ehemaligen Leiter der Ständigen Vertretung der Bundesrepublik Deutschland in der Deutschen Demokratischen Republik hat sich nichts geändert. Mit Daniela Dahn will der ehemalige Honecker-Fürsprecher heute gleich die ganze Opposition im Osten totmachen ... Sie sei «ein Katalysator» der demokratiefeindlichen Stimmung». Da wabert in Bölling die Umfragekunst der freiheitlich-demokratischen Goebbels-Nachfolgerin Elisabeth Noelle-Neumann. Sie, die vor 1945 als Adjutantin des Propagandaministers vorgesehen war, befragte die Ostdeutschen, ob sie mit der Demokratie, wie wir sie in der Bundesrepublik haben, zufrieden seien. Als eine Mehrzahl nein sagte, manipulierte sie zwecks Veröffentlichung, die Ostdeutschen seien in ihrer Mehrzahl gegen die Demokratie ...

In einem Schreiben an SPD-Fraktionschef Wolfgang Birthler äußerten französische Intellektuelle ihr Befremden über die Mißinterpretation von Dahns Buch «Vertreibung ins Paradies» durch die Landtagsabgeordneten. Viele der Unterzeichner des Schreibens sind Fachleute der deutschen Literaturszene und hatten schon zu DDR-Zeiten Kontakte zu Schriftstellern wie Christa Wolf, Christoph Hein oder Heiner Müller.

29. November 1998, **Brief französischer Intellektueller** an den SPD-Fraktionsvorsitzenden Wolfgang Birthler

Mit Bestürzung haben wir die negative Entscheidung der sozialdemokratischen Abgeordneten des Landtages Brandenburg zur Kenntnis genommen, nach der eine Wahl Daniela Dahns zur Verfassungsrichterin abgelehnt wurde. Wir befürchten, daß eine Mißdeutung des Buches von Daniela Dahn «Vertreibung ins Paradies» der Entscheidung zu Grunde liegt.

Daniela Dahn ist öfter im Ausland, und unter anderem in Frankreich aufgetreten, wo sie sich an Debatten über die Situation in Deutschland mit Offenheit und Kompetenz beteiligte. Aus ihren Analysen der deutschen Umstände und Befindlichkeiten sowie aus den in ihrem Buch vertretenen Thesen läßt sich keineswegs auf eine verfassungsfeindliche Einstellung schließen. Es kann kein Zweifel an der Haltung von Frau Dahn bestehen: Sie bekennt sich zu dem demokratischen Grundlagen des Rechtsstaates Deutschland.

Daher möchten wir Sie, und die Abgeordneten der sozialdemokratischen Fraktion, höflichst bitten, Ihre Entscheidung rückgängig zu machen.

Mit freundlichen Grüßen

Nicole Bary, Übersetzerin – Gilbert Badia, Universität Paris VIII –

Bernard Chambaz, Schriftsteller – Claudine Delphis, Universität Ober-
elsaß – Alain Dugrand, Schriftsteller – Catherine Fabre, Universität du
Littoral – Jack Ralite, Sénator-Maire von Aubervilliers – Nicole Gabriel,
Universität Paris 7 – Alain Lance, Schriftsteller – Anne Manceron, Histo-
rikerin – Marc Petit, Schriftsteller – Paul Louis Rossi, Schriftsteller –
Danièle Sallenave, Schriftstellerin

30. November 1998, **Brief von Egon Bahr, Erhard Eppler und Günter
Gaus** an den SPD-Fraktionsvorsitzenden Wolfgang Birthler

Lieber Wolfgang Birthler,
die SPD-Mehrheit im brandenburgischen Landtag hat sich jüngst mehrheitlich dagegen ausgesprochen, die Publizistin Daniela Dahn, die von
der PDS vorgeschlagen worden war, zur Verfassungsrichterin des Landes
zu wählen. Es ist selbstverständlich, daß die Gründe, die die Abgeordneten zu ihrem negativen Votum veranlaßt haben, zu respektieren sind. Wir,
die Verfasser dieses Briefes, wollen dennoch die Fraktion bitten, ihre Entscheidung vor einem weiteren Wahlakt noch einmal zu bedenken. Wir
drei haben gewiß – aus biographischen Gründen und unterschiedlichen
Funktionen – verschiedenartige Annäherungen an die Probleme der
deutschen Teilung und der Vereinigung der beiden deutschen Staaten.
Dennoch meinen wir übereinstimmend, daß es gut wäre, wenn Daniela
Dahn zur Verfassungsrichterin in Brandenburg gewählt würde. Es hat
aus vielerlei Gründen Fehler und Versäumnisse im Vereinigungsprozeß
gegeben, die möglicherweise zu vermeiden gewesen wären. Vieles davon
kann kaum noch revidiert werden. Wir meinen, daß die Ablehnung Daniela Dahns auch aus sozialdemokratischer Sicht ein Fehler ist – der jedoch noch korrigiert werden kann.
   Daniela Dahn hat mit ihren publizistischen Arbeiten wesentlich dazu
beigetragen, daß in der öffentlichen Meinung Deutschland, die ganz
überwiegend vom Westen dominiert ist, eine ostdeutsche Stimme Gehör
gefunden hat: eine Stimme, die den schwierigen Versuch unternimmt,
DDR-Vergangenheit gerade im Westen verständlich zu machen. Dabei
kann es Formulierungen geben, die den einen oder anderen irritieren.
Auch wir wollen uns davon nicht ausnehmen. Aber Zweifel an der Verfassungstreue und demokratischen Gesinnung von Daniela Dahn können
unseres Erachtens daraus nicht abgeleitet werden. Daniela Dahns Texte,
sorgfältig recherchiert, sind kritisch und anstößig im besten Sinne. Nicht

zuletzt hat Daniela Dahn durch aktive und konstruktive Mitarbeit im Willy-Brandt-Kreis, mitbegründet von Peter Brandt und Günter Gaus, ihr demokratisches Engagement bewiesen.

Andere Politiker fanden bei der Brandenburger SPD offenbar mehr Gehör.

30. November 1998, Märkische Oderzeitung
CDU: «Stolpe macht Politik nach Gutsherrenart»

... Schönbohm appellierte an die SPD-Mehrheitsfraktion im Landtag, die Wahl der Berliner Schriftstellerin Daniela Dahn zur Verfassungsrichterin unbedingt zu verhindern. Das Kapitel zu den Waldheim-Prozessen in ihrem Buch «Vertreibung aus dem Paradies» zeige klar, daß sich die Autorin nicht eindeutig zum demokratischen Rechtsstaat bekenne.

Für Brandenburg wäre es fatal, wenn Frau Dahn mit diesem umstrittenen Hintergrund in das Verfassungsgericht einziehe. Damit würde das Vertrauen der Bürger in den Rechtsstaat keinesfalls gestärkt. Schönbohm: «Stolpe muß seine segnend über die Schriftstellerin gehaltene Hand endlich zurückziehen.»

Ein Musterbeispiel für den oft mit Halbwahrheiten bestrittenen Meinungskampf gegen Daniela Dahn bildet der Text von Stefan Berg im Spiegel. *Hier ist nachvollziehbar, wie ein eindeutiges Engagement für mehr Demokratie in angebliche Mißachtung der Demokratie umgedeutet wird. In einem Leserbrief an den* Spiegel, *der leider nicht abgedruckt wurde, stellte die Rechtsanwältin Barbara Erdmann den richtigen Sachverhalt des Podiumsgesprächs her.*

7. Dezember 1998, Der Spiegel
Entscheidung im «Kreml»
Von Stefan Berg

Selten besaß die Kulisse einer Auseinandersetzung soviel Symbolkraft wie in diesem Fall. Noch heute nennen die Potsdamer das Haus, in dem einst die SED-Bezirksleitung residierte, den «Kreml»; noch immer sind am Turm die Umrisse des Symbols der SED zu erkennen. Drinnen hat inzwischen die Demokratie Einzug gehalten – im «Kreml» tagt der brandenburgische Landtag. Welche Macht der alte Geist des Hauses noch haben darf, darüber wird am Dienstag dieser Woche im Sitzungssaal 306 gestritten. Auf Vorschlag der PDS kandidiert die Ost-Berliner Autorin Daniela Dahn für einen 'der drei Plätze im brandenburgischen Verfassungsgericht, die Nichtjuristen zustehen. Etliche SPD-Abgeordnete haben die Berufung bisher verhindert ...

Lothar de Maizière, letzter DDR-Premier, konterte Dahn-Sprüche auf seine Weise. Als Dahn bei einer Podiumsdiskussion den Einigungsvertrag ein «Ermächtigungsgesetz» nannte, erinnerte er sie daran, daß der Begriff durch die Nazi-Zeit historisch besetzt sei. Dahn blieb bei ihrem Vergleich, de Maizière verließ das Podium.

18. 12. Brief von Barbara Erdmann

Sehr geehrter Herr Berg,
leider konnte ich Ihrem Artikel nicht entnehmen, wann und wo mein Kollege Rechtsanwalt de Maizière «auf seine Weise die Dahn-Sprüche konterte». Sollte er sich tatsächlich irgendwann und irgendwo in der von Ihnen wiedergegebenen Weise geäußert haben, dann war wohl mehr der Wunsch der Vater des Gedankens.

Die von mir geleitete Podiumsdiskussion, an der neben Herrn de Maizière und Frau Dahn auch Rechtsanwalt Dr. Diestel und Prof. Michael Schumann teilnahmen, fand am 20. 9. 1994 in einem Saal der Berliner Stadtbibliothek vor drei- bis vierhundert Zuhörern statt. Ich kann mich noch sehr gut daran erinnern, daß mein Kollege de Maizière unter Protest das Podium verlassen hat. Der Auslöser war jedoch eine von Frau Dahn geäußerte Kritik an der Verfahrensweise bei der Verabschiedung des Einigungsvertrages und des Vermögensgesetzes.

Da ich mich nicht auf mein Gedächtnis verlassen wollte, welches nach vier Jahren ebenfalls trügen kann, habe ich die Tonbandaufzeichnung dieser Veranstaltung angehört und füge eine Abschrift des letzten Teils der Diskussion bei ...

Auszug aus dem Podiumsgespräch mit Peter Michael Diestel, Lothar de Maizière, Michael Schumann und Daniela Dahn

Schlußstatement von DANIELA DAHN:

Ich möchte mich bei allen bedanken, hier oben auf dem Podium, die sich so viel Zeit genommen haben, sich mit dem Buch «Wir bleiben hier» zu befassen, auch herzukommen, ihre Meinung kontrovers – was ja der Reiz für mich war – darzulegen.

Ich möchte aber eine Sache, die Sie, Herr de Maizière, in den Raum gestellt haben, nicht, ohne darauf eingegangen zu sein, stehen lassen. Sie sagten, wir hatten ja eine satte 75 %-Mehrheit in der Volkskammer. Wenn Sie damit sagen wollen, daß das alles sehr demokratische Wege gegangen ist, damals mit den beiden Staatsverträgen, so würde ich denn doch widersprechen wollen. Ich denke, daß die Vereinigung keine Sternstunde der Demokratie war, daß die beiden Staatsverträge an den Abgeordneten vorbei ausgehandelt wurden. Abgeordnete in beiden Parlamenten haben sich vehement über diese Verfahrensweise beklagt, daß sie überhaupt nicht die Chance hatten, in irgendwelche Details ...

DE MAIZIÈRE: Frau Dahn, Sie entmündigen jetzt die demokratisch gewählten letzten Volksammerabgeordneten.

DAHN: Nein, es geht um das Verfahren.

DE MAIZIÈRE: Wenn es darum geht, daß hier Spielregeln der Demokratie mißachtet worden wären, dann ist das nicht meine Veranstaltung, wenn es so sein soll. (Verläßt das Podium)

DAHN: Herr de Maizière, das Vermögensgesetz, das das Herzstück des Einigungsvertrags war, ist niemals in Ihrem Parlament besonders besprochen worden. Und das halte ich für ein Unding. Das ist nur als Anhang des Einigungsvertrages durchgerutscht, und es war ganz deutlich, daß die Abgeordneten überhaupt keine Zeit hatten, es zur Kenntnis zu nehmen. Im übrigen haben auch CDU-Abgeordnete im Bundestag gesagt, daß es sich bei diesem Einigungsvertrag um ein Ermächtigungsgesetz handelt, wörtlich jetzt: «wie es in der Geschichte der Demokratie einmalig ist»[43]. und haben abgelehnt darüber abzustimmen, weil sie diese 1000 Seiten gar nicht zur Kenntnis nehmen konnten, in wenigen Tagen. Herr Ullmann hat gesagt: «Dieses von uns angesonnene Verfahren, das das parlamentarische Verfahren jedes Sinnes beraubt, verkehrt die Würde des Parlaments und seiner Abgeordneten ebensosehr, wie es geeignet ist, die Öffentlichkeit des Landes irrezuführen.» Das heißt, hier sind Gesetze völkerrechtlich behandelt worden, als ob sie zwei außenpolitisch mitein-

---

43 Das genaue Zitat ist nachzulesen in: Daniela Dahn, Wir bleiben hier oder Wem gehört der Osten, Rowohlt Taschenbuch Verlag, Reinbek bei Hamburg, 1994, S. 90 und in: Daniela Dahn, Vertreibung ins Paradies, Rowohlt Taschenbuch Verlag, Reinbek bei Hamburg, 1998, S. 111/112.

ander umgehende Staaten betreffen, die haben aber ganz intensiv innenpolitische Folgen behandelt, und deshalb denke ich, daß dies wirklich
keine Sternstunde der Demokratie war, weil Abgeordnete und Länder
viel zu wenig Einfluß nehmen konnten. 40 SPD-Abgeordnete vom Bundestag haben dies auch ausgedrückt und gesagt, daß es kein guter Start für
die Einheit ist, wenn die Einheit mit einer Schwächung der Parlamente,
der Gesetzgeber beginnt, und daß man künftig dort nachbessern muß,
wo in der Eile der Einigung keine Gelegenheit war. Zum Glück bietet ja
die Demokratie Möglichkeiten, Gesetze auch noch zu verändern, Dinge
nachträglich zu besprechen.

*An der nachfolgenden Stellungnahme des im Namen aller sprechenden
Vorstandes des Autorenkreises der Bundesrepublik gegen Daniela Dahns
Kandidatur scheint interessant zu sein, daß längst nicht alle Mitglieder des
Kreises über das Schreiben informiert waren. Blankovollmachten gibt es
normalerweise in solchen Foren öffentlichen Wirkens nicht.*

6. Dezember 1998, dpa-Meldung **Protest der Autorenvereinigung**
gegen die Kandidatur Daniela Dahns

Der Autorenkreis der Bundesrepublik hat sich gegen die Wahl der
Schriftstellerin Daniela Dahn zur brandenburgischen Verfassungsrichterin ausgesprochen. «Wir halten die Kandidatin für eine politische Fehlbe-
setzung ersten Ranges», erklärte der Vorsitzende Joachim Walther in
einem am Dienstag in Potsdam veröffentlichten Schreiben. Seine Vereinigung wolle dem Eindruck entgegentreten, als repräsentierten Günter
Grass, Walter Jens und Christa Wolf, die sich für Dahn eingesetzt hatten,
die deutschen Intellektuellen. Der Vereinigung gehören mehr als 50
Autoren an, darunter Sarah Kirsch und Henryk M. Broder …
    Das Schreiben soll Walther zufolge die Unterzeichner eines kürzlich in
Potsdam veröffentlichten Briefes an die SPD-Landtagsfraktion unterstützen. Zu den 40 Unterzeichnern, die sich gegen Dahn aussprachen, gehörten neben anderen die SPD-Bundestagsabgeordneten Markus Meckel und
Emil Schnell sowie die Autorin Grit Poppe. Der Autorenkreis schließe
sich dieser Initiative an, sagte Walther.

14. Dezember 1998, Potsdamer Neueste Nachrichten
Leserbrief des Berliner Grünenpolitikers Jörg Kwapis zum Beitrag
«Autorenkreis tritt Initiative gegen Dahn bei»

In der Auseinandersetzung um Daniela Dahn als mögliche Verfassungsrichterin in Brandenburg befremdet mich die Selbstgefälligkeit und Igno-
ranz, mit der selbstberufene Schützer den Gral der korrekten Vergangen-
heitsinterpretation und des grundgesetztreuen Verhaltens verteidigen zu
müssen meinen. Als unverschämt empfinde ich die Feststellung, Frau
Dahn besitze nicht «die moralische und intellektuelle Kompetenz» für
dieses Amt. Über Moral läßt sich bekanntlich streiten. Wohl kaum aber
über analytischen Verstand, wenn er denn in einer textlichen Fassung ge-
ronnen ist. Der Vorwurf mangelnder intellektueller Kompetenz spricht
Bände über den geistigen Zustand derer, die sie erheben. Entweder Frau
Schnell und die Unterstützer ihrer Initiativen kennen die Schriften Frau
Dahns nicht. Oder sie können den dargelegten Gedanken nicht folgen.
Oder aber ihnen passen die Ergebnisse der Betrachtungen nicht in ihr
neudeutsches Nest, so daß prompt das ideologische Scherbengericht
folgt. Sehr aufrichtig!

Die Verlogenheit der Gralsschützer des Grundgesetzes empfinde ich
vor allem deshalb so stark, weil ich ihre Namen in keiner Debatte um den
großen Lauschangriff oder die Aushebelung der Asylgesetzgebung las
oder gehört habe. Wem dann Zynismus vorzuwerfen ist, mögen die Leser
selbst entscheiden.

*Interessant ist die Rolle, die Brandenburgs Ministerpräsident Manfred
Stolpe im Verlauf der Auseinandersetzung spielte. Sein Mitteilungsspek-
trum reichte von anfänglicher Zustimmung zur Kandidatur Dahns bis
zur späteren Ablehnung. Sie waren ein verläßliches Abbild der Stim-
mungsschwankungen in der SPD-Fraktion.*

8. Dezember 1998, ADN
Stolpe appelliert an die PDS: Nicht um jedenPreis an Dahn festhalten

In den Streit um die brandenburgische Verfassungsgerichtskandidatin
Daniela Dahn hat sich jetzt Ministerpräsident Manfred Stolpe (SPD) ein-
geschaltet. Sollte die SPD-Fraktion in der kommenden Woche sich nicht
hinter Frau Dahn stellen, dann wäre die PDS gut beraten, einen anderen

137

Kandidaten zur Wahl vorzuschlagen, sagte Stolpe am Dienstag vor Journalisten in Potsdam. Andernfalls bestehe die Gefahr, daß PDS-Kreise eine «Kampagne» entfachten, die dann für 1999 zu einem «verquasten Wahlkampf» in Brandenburg führen werde. «Die PDS sollte die Abstimmung über Frau Dahn nicht zum Prüfstein der Beziehungen zur SPD hochstilisieren», forderte der Regierungschef. Das würde «die Atmosphäre vergiften». Stolpe bekräftigte zugleich seine zustimmende Haltung zu Frau Dahn «als Schriftstellerin». Doch wäre er «nie auf die Idee gekommen, sie als Verfassungsrichterin vorzuschlagen». Es gebe einen Unterschied zwischen schriftstellerischer Leistung und den Anforderungen an einen Verfassungsrichter. Er, Stolpe, sei aber für die Abstimmung «noch nicht festgelegt», fügte der Regierungschef hinzu.

Die Berliner Morgenpost meldete am 9. 12. 98, Stolpe zeige sich froh über die «Entlastungsoffensive von außen» für jene SPD-Abgeordneten, die sich gegen Frau Dahn aussprechen werden. Die Offensive derjenigen, die sich für Daniela Dahn einsetzten, erwähnte die SPD nie.

8. Dezember 1998, Brief des Berliner Generalsuperintendenten der Evangelischen Kirche in Berlin-Brandenburg, Martin-Michael Passauer, an den Brandenburgischen Ministerpräsidenten Manfred Stolpe

Seit Wochen verfolge ich die Debatte um die angebliche Nichteignung von Daniela Dahn als Verfassungsrichterin im Land Brandenburg. Vieles, was ich über sie lese, kann ich nicht bestätigen und möchte mich deshalb mit diesem Brief ausdrücklich für sie einsetzen.

Wie Sie sich erinnern, hat unsere Kirche Berlin-Brandenburg in den Herbsttagen 1989 zugestimmt, daß Vertreter unserer Kirche sowohl in der unabhängigen Untersuchungskommission als auch in der vom Magistrat ins Leben berufenen Kommission mitarbeiteten. Herr OKR Pettelkau und ich haben in der dann gemeinsam tagenden Kommission diesen Auftrag wahrgenommen. Seit dieser Zeit kenne ich Frau Dahn persönlich.

Unter meinem späteren Vorsitz dieser Kommission hat sie sich als meine Stellvertreterin immer durch Sachkenntnis und Objektivität ausgezeichnet. In den eineinhalb Jahren intensiver Zusammenarbeit, in denen wir uns einmal wöchentlich trafen, habe ich sie als eine verläßliche, zuhörende und konstruktiv argumentierende Mitarbeiterin erlebt. Ihre ruhige und ausgeglichene Art half emotionale Wogen zu glätten. Durch ihr ge-

(Lausitzer Rundschau vom 12. 11. 98)

Stolpe hält Frau Dahn für wählbar

(Berliner Morgenpost vom 12. 11. 98)

Stolpe stellt sich hinter die PDS-Kandidatin Daniela Dahn

(Märkische Oder-Zeitung vom 9. 12. 98)

Stolpe bezieht Stellung gegen Daniela Dahn

(Berliner Morgenpost vom 9. 12. 98)

Stolpe: »Ich hätte Frau Dahn nicht vorgeschlagen«

naues Denken und das Aussprechen wichtiger Anregungen war sie oft in der Lage, uns über resignative Momente hinwegzuhelfen.

Auch in den folgenden Jahren sind wir uns in regelmäßigen Abständen begegnet. Ich habe sie gerne eingeladen, mit uns zu diskutieren und ihre Gedanken auch in Mitarbeiterkreisen unserer Kirche vorzutragen. Dies konnte ich guten Gewissens tun, weil ich aufmerksam und gerne verfolge, was sie schreibt und sagt. Ich hatte nie den geringsten Zweifel an ihrem Anliegen, daß der Prozeß des Zusammenwachsens und Zusammenlebens mit uns allen hier in diesem unseren Land gelingt. Aus meiner kirchenleitenden Tätigkeit im Sprengel Berlin weiß ich, wieviel Arbeit auf diesem Feld auch noch vor uns liegt.

Frau Dahn ist in diesem Prozeß eine kompetente Stimme, die andere ernst nimmt, wichtige Fragen stellt und sachliche Antworten gibt. So habe ich mich sehr gefreut, als sie für das Amt einer Verfassungsrichterin vorgeschlagen wurde. Ich halte sie nach allem, was ich mit ihr erlebt habe, für diese Aufgabe sehr geeignet.

Wenn ihr nun vorgehalten wird, daß sie sich «ganz offen und demonstrativ außerhalb von Grundprinzipien des Rechtsstaats stellt», kann ich genau umgekehrt aus meiner Erfahrung argumentieren. Wenn Frau Dahn nicht in schwierigen Situationen so offen und demonstrativ die Prinzipien des Rechtsstaates eingefordert und vertreten hätte, wäre uns manches an Aufarbeitung unserer Vergangenheit in so friedlicher und verantwortungsvoller Weise nicht gelungen. Es war in den Herbsttagen 1989 und den dann folgenden Monaten auch in Berlin eine Gratwanderung, diesen ersten Versuch eines demokratischen Prozesses nach den Grundprinzipien des Rechtsstaates so zu gestalten, daß Opfer und Täter gemeinsam an einem Tisch über Verletzungen der Menschenrechte reden konnten. Auf diesen Prozeß können wir alle auch heute noch stolz sein. Frau Dahn hat ganz erheblichen Anteil daran, daß dies gelungen ist und noch gelingt.

Es wäre auch für diese Kommission nachträglich eine große Anerkennung, wenn Ihre Partei, sehr verehrter Herr Ministerpräsident, sich zu Frau Dahn stellen und der Wahl in dieses so wichtige Amt zustimmen würde ...

10. Dezember 1998, **Brief des Schriftstellers Volker Braun** an den
Präsidenten des Brandenburgischen Landtags, Herbert Knoblich

Es gibt wenige unter den Deutschen, die in alten und neuen Jahren so
meine Achtung und Bewunderung erworben haben wie Daniela Dahn.
Ihre Veröffentlichungen, «Wem gehört der Osten» oder «Westwärts und
nicht vergessen», könnten den Titel tragen: Dies Buch gehört dem König / dem Bundestag; ihr Rechtsbewußtsein ist elementar, und ungebeugt
vor den sozialen Fragen. – Daß ihr jetzt, im Potsdamer Landtag, die Eignung als Verfassungsrichterin bestritten werden könnte, ist eine märkische Merkwürdigkeit. Die Menge denkt sich ihr Teil, und ich nicht anders; ich bin einmal vom Berliner Ensemble als Abgeordneter aufgestellt
worden, aber natürlich wurde die Sache von oben abgebogen. Das war der
Parteigeist, er macht befangene, feige Entschlüsse. Mein aufgeklärtes
Brandenburg, mach mich nicht auf so elende Weise klüger.

10. Dezember 1998, Die Zeit
Diese Dichterin ist keine Richterin
Von Robert Leicht

Weshalb trägt Justitia eine Binde vor den Augen, obwohl sie doch mit
einem Schwert und einer Waage hantiert? Wer blindlings dreinschlägt,
dem drückt man besser kein Schwert in die Hand. Und die Waage ergibt
keinen Sinn, wenn man sie nicht exakt ablesen kann. Faßt man also alle
drei Elemente in einen Sinnzusammenhang, dann soll der Richter im-
stande sein, schwertscharf zu entscheiden, waagescharf zu unterscheiden
und von allem entschieden abzusehen, was nicht zur Sache gehört. Zum
Beispiel von der Person: von ihrem Rang, ihrer Macht, ihrer Rasse,
Klasse, Konfession.

Ein anspruchsvolles Amt – das eines Richters. Er muß scharf unterscheiden, zwischen dem, was er ganz genau zu sehen hat und was er pe-
nibel aus seinem Blickfeld verdrängen muß. Deshalb formulierte der
große Rechtsphilosoph Gustav Radbruch einmal: «Juristenarbeit ist Ver-
standesarbeit, Beherrschung der verschwommenen Wirrsal menschlicher
Beziehungen durch die Schärfe klarer Begriffe.»

Ein wenig von dieser Einsicht wäre den SPD-Abgeordneten des Landtags von Brandenburg zu wünschen, wenn sie am kommenden Dienstag
die Schriftstellerin Daniela Dahn anhören. Frau Dahn war von der PDS

als Kandidatin für einen Sitz im Verfassungsgericht des Landes nominiert worden, die Führung der SPD hatte blindlings Zustimmung signalisiert – bis ein Volksvertreter anfing, näher nachzufragen.

Was immer für Daniela Dahn ansonsten sprechen mag, gegen ihre Eignung fürs Richteramt spricht alles. Sie kann einfachste Dinge nicht unterscheiden – und sollte deshalb nicht berufen werden, schwierige Sachen zu entscheiden.

Beispiel eins: «Mit Blick» – so Daniela Dahn – «auf die von mir erlebte poststalinistische DDR und die finanzstalinistische BRD scheint mir: Die Summe der Repressionen bleibt immer gleich … Alle politischen Gesellschaften sind hierarchisch aufgebaut, ihre Mechanismen ähneln sich, da Menschen sich ähneln.» Wären in der Staatsverfassung alle Katzen grau – wir brauchten kein Verfassungsgericht.

Beispiel zwei: Über die Schnellverfahren in Ostdeutschland gegen ehemalige Nazis meinte Daniela Dahn, es sei unhistorisch gedacht, hätte man von der Jusitz «formaljuristisch perfekte Prozesse» erwartet. Und: «In dieser Bundesrepublik genügt es, von Kommunisten verurteilt worden zu sein, um als Faschist rehabilitiert zu sein.» Wer aber den Anspruch auf einen fairen Prozeß nicht von einem Freispruch unterscheiden kann – und auch nicht die Verurteilung des Richters wegen eines Unrechtsurteils von der Rehabilitierung eines Angeklagten –, taugt nicht zur Richterin.

Beispiel drei: Daniela Dahn empört sich über die Einwände und ruft: Zensur! Wer aber Kritik von Zensur nicht unterscheiden kann, wird auch nicht verstehen, daß zweierlei notwendig ist: daß Frau Dahn nicht Verfassungsrichterin wird, daß aber zur Not eben dieses Verfassungsgericht ihre Freiheit verteidigen müßte, zu sagen, was sie sagen will.

Das Problem ist also nicht Daniela Dahn, sondern ihre Tauglichkeit zum bedachten Amt – und die Tatsache, daß die Potsdamer SPD die falsche Binde vor den Augen trägt und überhaupt noch an ihren Zweifeln zweifelt.

12. Dezember 1998, Die Zeit
Leserbrief des Juristen Franz-Wilhelm Heers

… ach du liebe ZEIT, dachte ich nach der Lektüre des Beitrags über Daniela Dahn in Die Zeit Nr. 51, hat man es sich hier nicht etwas zu LEICHT gemacht? Ich kenne Frau Dahn aus ihren Schriften und erkenne in ihr eine Autorin, deren scharf analytischer Verstand mit der

Sehnsucht nach einer gerechten Welt eine fruchtbare Verbindung eingegangen ist ... Wer die – zugegeben manchmal schroffe – Kritik Frau Dahns an der Art, wie Politik gemacht wird, und die polemische Schärfe der Darstellung mißversteht als fehlendes Unterscheidungsvermögen, muß sich selbst fragen lassen, ob seine Fähigkeit zur Differenzierung hinreichend entwickelt ist. Unangepaßte, autonome kritische Geister, dazu mit der Gabe, ihre Meinung lebendig und mit wortreicher Ausdruckskraft zu artikulieren, sind leider selten. Die, die wir haben, sollten wir dankbar als kostbare kulturelle Bereicherung würdigen, um so mehr, wenn sie bereit sind, an der Gestaltung der Gesellschaft mitzuarbeiten, statt ihnen in ängstlicher Angepaßtheit – oder in modischem Pidgin-Deutsch: political correctness – Knüppel zwischen die Beine zu werfen. Frau Dahn, die stets, auch unter schwierigeren Verhältnissen, ihre aufrechte Haltung bewiesen hat, wäre für ein Verfassungsgericht eine Zierde und ein Gewinn.

12. Dezember 1998, **Stellungnahme von Uwe Wesel,** Professor für Rechtsgeschichte und Zivilrecht an der Freien Universität Berlin, zu den Vorwürfen gegen Daniela Dahn aus rechtshistorischer Sicht

Ich kenne Frau Dahn über unsere gemeinsame Mitgliedschaft im P.E.N.-Club und habe ab und zu mit ihr gesprochen über Strafverfahren gegen DDR-Unrecht. Es waren Gespräche, in denen ich ihr manches erklärte über Grundlagen und Grundfragen dieser Prozesse. Es waren aber auch Gespräche, in denen ich selbst von ihr ganz entscheidende Informationen erhalten habe über das juristische und rechtshistorische Umfeld, die mir vorher nicht bekannt gewesen sind. Das soll der Inhalt dieser kurzen Stellungnahme sein. Es waren juristische Entdeckungen, die zeigen, wie genau sie recherchiert und wie gut ihr juristischer Spürsinn ist bei der Aufdeckung von Schieflagen der Prozesse zur Verfolgung von DDR-Unrecht. Ich berichte hier über einen früheren Fall und den aktuellen.

1.

Im Oktober 1996 erzählte mir Frau Dahn von einem Beschluß, in dem der Deutsche Bundestag 1952 bei der Ratifizierung der Europäischen Menschenrechtskonvention ganz klar und ausdrücklich einen Vorbehalt gemacht hat, der nichts anderes bedeutete als das eindeutige Verbot der berühmten Radbruchschen Formel von 1946, auf deren Grundlage heute die Urteile in den Mauerschützenprozessen ergangen sind und die in den

Verfahren gegen Mitglieder des Nationalen Verteidigungsrates, des Polit-büros, gegen Generäle und Offiziere der Grenztruppen und so weiter an-gewandt würde. Ich war völlig verblüfft, denn in keinem dieser Prozesse war das zur Sprache gekommen, in keinem der Urteile war dazu etwas gesagt worden, ebensowenig wie in der umfangreichen juristischen Lite-ratur dazu. Ich ging der Sache nach und stellte fest, Frau Dahn hat recht. Man kann das nicht nur nachlesen in den Kommentaren zur EMRK, sondern sehr plastisch auch die Gründe und Begründungen dazu in der damaligen Debatte im Bundestag, Protokoll der Sitzung vom 10. Juni 1952, BTDrucksache 3338, Seite 5 bis 6, und Protokoll Seite 9510 bis 9515. Es ging um die Wiederbewaffnung und die Rehabilitierung der durch alliierte Gerichte verurteilten NS-Generäle. Hier lag tatsächlich ein Problem, denn das war ein Gesetz des Bundestages, auf das noch nicht einmal das Bundesverfassungsgericht eingegangen war, das damals die Urteile im Prozeß gegen die Mitglieder des Nationalen Verteidigungsrates bestätigte.

Ich schrieb darüber einen kurzen Artikel in der Wochenzeitschrift *Die Zeit* (Nr. 48, 22. 11. 1996, S. 5), an den sich eine juristische Diskussion auch in den Fachzeitschriften anschloß, zum Beispiel Kenntner, *Neue Juristische Wochenschrift* 1996, Seite 2298 bis 2300 mit weiteren Nachwei-sen). Wie auch immer man den Beschluß des Bundestages von 1952 in sei-ner Bedeutung für die heutige Rechtslage einschätzt, es bleibt ein juristi-sches Problem, auf das Frau Dahn als erste völlig zu Recht hingewiesen hat, und eine politisch-moralische Hypothek.

2.

Der aktuelle Anlaß, ihr Artikel über die Waldheimer Prozesse. Sie sind der Forschung seit langem bekannt, nicht erst wie der Öffentlichkeit seit 1989/90. Und die allgemeine Meinung ist im allgemeinen zu Recht ver-nichtend. Aber auch hier ist Frau Dahn die erste, die sich die Mühe ge-macht hat, in einem konkreten Fall einer heutigen Verurteilung nicht nur in den Akten zu recherchieren, sondern auch das politische und juristische Umfeld der damaligen Zeit außerhalb der DDR mit einzubeziehen. Ich habe die Akten des Landgerichts Leipzig, das letztes Jahr die Richterin verurteilt hat, noch nicht eingesehen, halte es aber für sehr wahrscheinich, daß Frau Dahn wieder recht hat, daß nämlich jene Todesurteile auf der da-maligen Grundlage des Kontrollratsgesetzes Nr. 10 und der bis damals noch üblichen Praxis von anderen europäischen Gerichten materiell gerechtfertigt gewesen sind, auch wenn sie prozessual unmöglich waren und allen rechtsstaatlichen Grundsätzen widersprachen. Wohlgemerkt, Frau Dahn sagt nur etwas zu den Todesurteilen. Die anderen sind meines Erachtens auch materiell nur in seltenen Fällen gerechtfertigt gewesen. Aber bei diesen schwereren Fällen scheint man auch in Waldheim etwas genauer hingesehen zu haben, und insofern sind ihre Bemerkungen über die von dieser Richterin zu verantwortenden Todesurteile völlig korrekt, die Richtigkeit ihrer – von mir noch nicht überprüften – Recherchen vorausgesetzt. Denn tatsächlich sind ihre Ausführungen über die Zahl und Praxis von Todesurteilen gegen NS-Täter für die Zeit von 1945 bis 1950 in Deutschland und Europa zutreffend, alles nachzulesen bei Adalbert Rückerl, NS-Verbrechen vor Gericht, 2. Auflage 1984, Abschnitt B und C. Das hat man bisher nicht genügend beachtet. Insofern ist Frau Dahn nicht nur politisch-moralisch im Recht, sondern auch in Übereinstimmung mit den Tatsachen der Rechtsgeschichte. Deshalb habe ich vor kurzem eine Dissertation angeregt, in der dies im Hinblick auf die Waldheimer Prozesse noch einmal überprüft werden soll, auch im Hinblick auf die Todesurteile, über die vor dem Landgericht Leipzig verhandelt worden ist.

14. Dezember 1998, Interview mit Daniela Dahn in der Märkischen Allgemeinen Zeitung
Der Grundvorwurf ist absurd

… Sie gelten als eine inzwischen auch im Westen anerkannte Ost-Autorin, die viel herumreist, zuletzt in Indien, und mit streitbaren Thesen auch gern provoziert. Warum müssen Sie eigentlich auch noch Laien-Richterin am Verfassungsgericht werden?

DAHN: Ich verstehe die Logik der Frage nicht. Sollen sich um dieses Amt nur Leute bewerben, die weniger anerkannt und international gefragt sind? Mal bin ich angeblich zu gut, mal zu schlecht für diese Tätigkeit? Wieviel Mittelmaß darf es denn nun sein? Oder gibt es eine Intelligenz, die zwar zum Schreiben reicht, nicht aber zum Erkennen, worauf es in so einer Tätigkeit ankommt? Es stimmt, daß ich auf dieses Amt nicht angewiesen bin, ich habe auch so keine Langeweile. Aber vielleicht wollte ich in diesem Leben noch einmal etwas anderes machen. Und es gibt auch Menschen, die das für eine gute Idee halten. Beinahe 100 Künstler, Politiker, Juristen, Bürgerrechtler, Theologen, Gewerkschafter und Wissenschaftler haben sich inzwischen für mich ausgesprochen.

Für Ihre Kritiker ist ein ganz besonderes Reizthema Ihr Essay in Ihrem Buch «Vertreibung ins Paradies» (1998) über die DDR-Prozesse von 1950 gegen Nazis im Zuchthaus Waldheim. Wie gehen Sie mit dem Vorwurf um, Sie würden Unrecht relativieren und den Rechtsstaat in Frage stellen?

DAHN: Für mich haben die Leute die Vorzüge des Rechtsstaates nicht verstanden, die einem Kritik an heutigen Gerichtsurteilen untersagen wollen. Ich habe immer betont, daß in Waldheim keine rechtsstaatlichen Verfahren stattgefunden haben und viele ungerechtfertigte Strafen ausgesprochen wurden. Mein Text beschränkt sich aber auf die Betrachtung von 15 Todesurteilen, die einer beteiligten Richterin heute als Mord angelastet wurden. Das unterstellt, daß diese Menschen noch leben könnten, wenn sie ein faires Verfahren bekommen hätten, was sie zweifellos nicht hatten. Nach Studium der heutigen Anklageschrift und des damals gültigen alliierten Rechts bin ich aber zu der Ansicht gelangt, daß für diese hohen Nazis auch bei noch so rechtsstaatlichen Verfahren nichts anderes als Todesstrafen herausgekommen wären. Daß ich diese Auffassung erstmals in den Kontext der politischen Schnellverfahren im damaligen Westeuropa stellte, haben viele Juristen als Bereicherung der Diskussion empfunden. Die Bundesrepublik ist in der komfortablen Situation, sich damals als einziges Land in Europa an den – zweifellos juristisch fragwürdigen – Säuberungen gegen Nazis nicht beteiligt zu haben, und heute als einziges Land in Europa anderen Vorschriften zu machen, wie man es hätte richtig machen müssen …

In der ersten Reaktion auf Ihre Ablehnung in der SPD hatten Sie gesagt, Sie fühlten sich ins «Paradies der politischen Zensur» vertrieben. Warum eigentlich? Da gibt es eine Bewerberin, und es gibt über deren Eignung als Richterin unterschiedliche Auffassungen unter Parlamentariern.

DAHN: Solange es um die grundsätzliche Eignung geht, ist alles in Ordnung. Aber es ist wohl ein einmaliger Vorgang, daß eine Schriftstellerin vor einem Parteigremium sitzt und dann einzelne Worte und Formulierungen in literarischen Texten auf ihre politische Korrektheit abgeklopft werden. Solche Gespräche habe ich zum letzten Mal in der Hauptabteilung des Kulturministeriums der DDR erlebt.

Bleibt die SPD-Fraktion bei ihrer mehrheitlichen Ablehnung, sind Ihre Chancen im Landtag gleich Null. Selbst die PDS, die Sie nominiert hat, glaubt nicht mehr an Ihre Wahl. Warum ziehen Sie Ihre Kandidatur nicht zurück?

DAHN: Der Grundvorwurf, daß ich mich außerhalb von Grundprinzipien des Rechtsstaats stelle, ist absurd, deshalb habe ich keine Veranlassung, mich zurückzuziehen …

Ich kann der SPD nicht ersparen, ihre Wahl zu treffen …

14. Dezember 1998, Märkische Allgemeine Zeitung
Leserbrief von Prof. Dr. Peter Brandt

Es steht jedem Abgeordneten des brandenburgischen Landtags frei, Daniela Dahn zur Verfassungsrichterin zu wählen oder nicht. Was allerdings seitens sozialdemokratischer Parlamentarier, wo es zunächst offenbar eine gewisse positive Geneigtheit gegeben hatte, in den letzten Wochen öffentlich geäußert wurde, um eine ablehnende Stellungnahme zu begründen, wirkt nicht gerade überzeugend …

Daß Daniela Dahn nicht nur engagierte Demokratin und Nonkonformistin (vor und nach 1990), sondern auch Sozialistin ist, dürfte seit längerem bekannt sein, und man sollte sich überlegen, ob bei der Auswahl derjenigen, die neben den Fachjuristen in das Brandenburgische Verfassungsgericht zu entsenden sind, nicht gerade profilierte Einzelpersönlichkeiten durchaus unterschiedlicher Couleur berücksichtigt werden sollten.

Selbstverständlich darf von einer Verfassungsrichterin Loyalität gegenüber dem Grundgesetz und der Landesverfassung erwartet werden, aber der Begriff der Verfassungstreue sollte nicht eingeengt werden auf Positionen, die verschiedene Spielarten des gesellschaften Status quo repräsentieren …

Ich bin sicher, daß auch eine eventuelle Verfassungsrichterin Daniela Dahn die sachliche Auseinandersetzung darüber wie über andere Fragen nicht scheuen wird, und wäre sehr froh, diese eigenwillige, couragierte und übrigens auch zur Korrektur eigener früherer Aussagen fähige Frau in dem höchsten rechtsprechenden Gremium eines deutschen Landes vertreten zu sehen.

In der Geschichte der Bundesrepublik ist nur ein Fall der Nichtwahl eines Verfassungsrichter-Kandidaten bekannt geworden. Es handelt sich um eine Frau. Die jetzige Bundesjustizministerin Herta Däubler-Gmelin wurde damals von der CDU abgelehnt.

14. Dezember 1998, **Offener Brief der PDS-Fraktion des Brandenburgischen Landtags** an den Ministerpräsidenten Stolpe. Für die Fraktion unterzeichnete Michael Schumann

... die Auseinandersetzung um unsere Verfassungsrichterkandidatin Daniela Dahn schlägt Wogen über Brandenburg hinaus und findet auch international Aufmerksamkeit. Das ist außergewöhnlich. So bedeutend das Verfassungsgericht eines Bundeslandes auch ist, seine Besetzung findet in der Regel nur ein sehr eingeschränktes öffentliches Interesse.

Wir hatten bei der bekannten Nähe Daniela Dahns zu bestimmten Arbeitszusammenhängen der SPD und der Wertschätzung, die ihr auch von führenden Repräsentanten der SPD entgegengebracht wird, alle Veranlassung, davon auszugehen, daß dieser Personalvorschlag Ihre Zustimmung finden würde. Zudem haben wir Herrn Birthler frühzeitig von unserer Entscheidung informiert. Wir haben also in dem klaren Bewußtsein gehandelt, daß der von unserer Landesverfassung favorisierte konsensuale Weg bei der Verfassungsrichterwahl und das hohe Zustimmungsquorum verlangen, daß wir nicht lediglich nach eigenem Gutdünken verfahren, sondern die Maßstäbe der Parlamentsmehrheit ernsthaft berücksichtigen.

Ihre mehrheitliche Ablehnung unserer Kandidatin war vor diesem Hintergrund und angesichts der Tatsache, daß nach der ersten Anhörung gegenüber der Öffentlichkeit Zustimmung signalisiert wurde, eine uns völlig überraschende Entscheidung. Die damit verbundenen ablehnenden Meinungsäußerungen zu unserer Kandidatin offenbaren aus unserer Sicht gravierende politische Differenzen, deren Bedeutung weit über den Einzelfall hinausreicht und deren Fortbestehen geeignet ist, die politische Kultur in unserem Lande und insbesondere das Verhältnis zwischen SPD und PDS – gegen unseren Willen – nachhaltig und langfristig zu belasten.

Es geht um die Haltung zu den kritischen Intellektuellen, zu ihrer Funktion in unserer Gesellschaft und um das Verständnis der Konsequenzen, die daraus im Hinblick auf ihre Geeignetheit für die verfassungsrichterliche Position zu ziehen sind ... Das bei Ihnen vorherrschende Unbehagen an unserer Kandidatin scheint uns daraus zu resultieren, daß sie in ihren Arbeiten Nuancen und Zwiespältigkeiten ans Licht bringt, die manche in ihren festgefügten und eindimensionalen Ansichten verunsichern. Das wird insbesondere von jenen als provokativ angesehen, die – aus manchmal durchaus verständlichen Gründen – die Herausstellung von Ambivalenzen als Negierung, nicht aber als widersprüchliche Ergänzung der eigenen und unter Umständen durch leidvolle persönliche Erfahrung geprägten Wahrnehmungsdimension empfinden.

In dieser – wenn Sie so wollen – «Verunsicherung» und «Provokation» besteht aber gerade die «intellektuelle Funktion». Sie als einseitige politische Parteinahme oder gar als «zynisch» zu bezeichnen, zeugt von einem grundlegenden Mißverständnis, das auch in der alten Bundesrepublik verbreitet ist und immer wieder zur Akzeptanz politisch motivierter Angriffe auf kritische Intellektuelle (z. B. auf Heinrich Böll, dem der irrige Vorwurf, den Terrorismus der RAF zu legitimieren, nicht erspart blieb) geführt hat. Stehen wir nicht gemeinsam in der Verantwortung, solchen Umgang mit kritischen Intellektuellen zu verhindern? ...

Die Stellungnahmen der PDS zum «Fall» Daniela Dahn werden von einem Teil der Öffentlichkeit verständlicherweise und in erster Linie danach bewertet, inwieweit in ihnen der Bruch mit der Politik der SED zum Ausdruck kommt, die das Wirken des Intellektuellen auf eine Bestätigungsfunktion reduzieren wollte. Es ist uns daher ein besonderes Anliegen, öffentlich klarzustellen, daß wir einen Umgang mit Intellektuellen ablehnen und zurückweisen, der die Resultate ihrer geistigen Arbeit mit Folgen verbindet, die a priori auf den Ausschluß von bestimmten öffentlichen Ämtern hinauslaufen.

Im übrigen: Sie messen mit zweierlei Maß. Sie wissen genau, daß ein anderer Intellektueller, Prof. Dr. Richard Schröder, den wir als Verfassungsrichter mitgewählt haben, nicht weniger «verunsichert» und «provoziert». Nur eben nicht Sie und die Mehrheit, sondern uns. Es scheint, Sie sind der Meinung, daß die intellektuelle Funktion in der pluralistischen Demokratie nur in eine Richtung ausgeführt werden darf, wenn man sich für hohe Staatsämter empfehlen will. Sie argumentieren regelmäßig, daß Richard Schröder im Unterschied zu Daniela Dahn kein zweifelhaftes Verhältnis zur Demokratie und zum Rechtsstaat habe. Nachdem Herr Kuhnert in seiner Presseerklärung vom 9. November die gravierendsten Vorwürfe gegen Daniela Dahn zurückgenommen hat, steht die Frage: Worauf gründet sich eigentlich – konkret – Ihr Vorwurf, sie hätte kein klares Verhältnis zur Demokratie und Rechtsstaatlichkeit? Wie wollen Sie plausibel machen, daß Sie nichts gegen die Schriftstellerin Daniela Dahn haben, nur etwas dagegen, daß sie Verfassungsrichterin wird? Wie können Sie nichts gegen eine Gegenwartsschriftstellerin haben, die nach Ihrer Meinung keine zweifelsfreie Demokratin ist? Wie kann der Ministerpräsident eine sich in politischen Dingen äußernde Autorin «außerordentlich» schätzen und «auch für andere Aufgaben empfehlen», deren Verhältnis zur Demokratie und zum Rechtsstaat zweifelhaft ist? Wenn es zutrifft, daß der Justizminister die Auffassungen der Autorin Daniela Dahn als «verheerend» bezeichnet hat, ist das dann eine Kritik an den Äußerungen des Ministerpräsidenten, der die Autorin Daniela Dahn «außerordentlich» schätzt? Oder sind «verheerende» Auffassungen einer Autorin schätzenswert, während dieselben Auffassungen einer Verfassungsrichterin nicht schätzenswert sind? Wir möchten Sie herzlich bitten, uns diese Fragen zu beantworten, bevor Sie uns eine erneute Kandidatensuche anempfehlen ...

Einen der gewichtigsten Texte in dem Streit um Daniela Dahn schrieb der Wolfenbütteler Richter am Oberlandesgericht a. D. Dr. Helmut Kramer. In einem Brief an den Präsidenten des Brandenburgischen Landtags, Herbert Knoblich, verglich er die öffentliche Auseinandersetzung um Dahns Kandidatur mit dem tiefen Schweigen über die Weiterbeschäftigung von Nazirichtern in der Bundesrepublik.

14. Dezember 1998, Brief von Helmut Kramer

Als einer der wenigen, der sich seit mehr als einem Vierteljahrhundert mit den von Staats wegen begangenen Verbrechen im NS-Staat und auch in der DDR befaßt, habe ich die Kontroverse um die Kandidatur der Schriftstellerin Daniela Dahn mit Interesse verfolgt.

Mit der Bitte, diesen Brief allen Abgeordneten zugänglich zu machen, erlaube ich mir, Ihnen einige Überlegungen zu dem Streit um Frau Dahn vorzutragen.

Das Frau Dahn vorgeworfene Buch-Kapitel kenne ich. Vereinzelte Formulierungen fordern meinen Widerspruch heraus. Beim konzentrierten Lesen ist mir aber klargeworden: hier hat sich jemand provoziert gefühlt, herausgefordert durch Einseitigkeiten einer Geschichtsdarstellung, die die DDR-Geschichte in ein allzu grobes Raster pressen möchte. Dafür nur zwei unter vielen Beispielen:

An die NS-Gewaltverbrechen ist die bundesdeutsche Justiz bei gleicher Gesetzeslage mit völlig anderen Maßstäben herangegangen als an die Ahndung der SED-Verbrechen. Von den mindestens 50 000 Todesurteilen der NS-Juristen (Richter, die über eine gediegenere Ausbildung und einen gesicherteren Unabhängigkeitsstatus als die SED-Richter verfügten) ist – ein lehrreiches Beispiel für die Irrtumsanfälligkeit von Juristen – kein einziges auch nur mit einer Bewährungsstrafe geahndet worden. Die meisten Richter des Volksgerichtshofs und der NS-Sondergerichte haben nach 1945 weiter amtiert, zum Teil in Schlüsselpositionen der bundesdeutschen Justiz.

Auch halte ich viele (nicht alle, zum Beispiel nicht das von Frau Dahn angezweifelte Urteil gegen Irmgard Jendretzky) gegen SED-Richter wegen Rechtsbeugung ergangene Urteile zumindest im Schuldspruch für richtig. Stünde es einem politisch unbefangenen Gericht nicht aber gut an, die früher – in der BRD vor 1989 – begangenen Fehler (Straflosstellung der NS-Juristen) zu bedauern? Dies ist in einem einzigen Urteil des BGH geschehen (Urteil des 5. Strafsenats vom 16. 11. 1995). Mit auffälliger Hartnäckigkeit enthalten sich aber alle anderen Senate des BGH und die Berliner Gerichte solcher Zugeständnisse. Ein Überrest des Denkens in den Kategorien des Kalten Krieges? Jedenfalls sollte man sich über einseitig zugespitzte Abwehrreaktionen nicht wundern.

Angesichts der starken Verwerfungen im faktischen Wiedervereinigungsprozeß ist eine ausgewogene Bewertung der deutsch-deutschen Geschichte vielleicht vorerst kaum möglich. Selbst Volljuristen und Mitglieder von Verfassungsgerichten sind hier vor überzogenen Werturteilen und befremdlichen Äußerungen nicht gefeit. Aber auch ihnen gegenüber plädiere ich für Nachsicht. Ich denke z. B. an gewisse Aussprüche von Professor Rupert Scholz über die SED-Juristen. Das reizt natürlich vor allem dann zum Widerspruch, wenn derselbe Jurist (Rupert Scholz) einen der schlimmsten juristischen Schreibtischtäter des Dritten Reiches – Professor Theodor Maunz – als «einzigartigen Glücksfall der deutschen Staatsrechtslehre» belobigt (NJW 1991, S. 2260). Maunz hatte schlimmste Unrechtsakte des NS-Terrorregimes juristisch legitimiert, sogar die von jeglicher gerichtlicher Kontrolle befreite Einweisung ins Konzentrationslager durch die Gestapo gerechtfertigt.

Und Rudolf Wassermann, heute einer der eifrigsten Wortführer einer schrankenlosen Öffnung der Stasiakten, duldete in seinem Machtbereich als damaliger Braunschweiger Oberlandesgerichtspräsident keinerlei Erinnerung an die NS-Vergangenheit von in der Bundesrepublik in hohe Staatsämter gelangten Persönlichkeiten. Im Jahre 1979 ging er mit einem Disziplinarverfahren gegen einen niedersächsischen Richter vor, der

(kommentarlos) lediglich darüber informiert hatte, daß der 1976 amtie-
rende niedersächsische Justizminister Hans Puvogel im Dritten Reich zur
«Ausrottung und Ausmerzung aller Minderwertigen» aufgerufen hatte.
Die disziplinarrechtliche Maßregelung des Richters begründete Wassermann wie folgt: «Der Richter ist wie jeder andere Träger eines öffentlichen Amtes verpflichtet, seinem Vorgesetzten Achtung entgegenzubrin-
gen. Ohne Achtung der Autorität des Vorgesetzten ist eine geordnete
Behördentätigkeit nicht möglich. Es steht dem Richter ebensowenig wie
dem Beamten zu, seinen Vorgesetzten Verfehlungen vorzuwerfen oder
dessen Ansehen durch Verbreitung von Tatsachen im Bereich der Behörde
zu untergraben» (vgl. ÖTV in der Rechtspflege Nr. 22, S. 1 ff). Diese
eklatante Mißachtung des Grundrechts der Meinungsfreiheit hat Wassermann den Vorsitz der Arbeitsgemeinschaft Sozialdemokratischer Juristen
gekostet.

Im Jahre 1992 empörte sich Wassermann in der von der Bundeszentrale
für politische Bildung in hoher Auflage herausgegebenen Zeitung «PZ
Extra» ohne Quellenangabe über die Entscheidung «eines» Arbeitsge-
richts aus Sachsen-Anhalt: «Der Rechtsstaat, so wird gesagt, ist unfähig,
die Verbrechen des SED-Regimes angemessen zu ahnden. (...) Der Vorwurf trifft ins Schwarze. Ein Beispiel aus Sachsen-Anhalt. Dort kritisiert
eine Arbeitnehmerin in der Zeitung, daß ein früherer SED-Stadtrat für
Wohnungswesen jetzt Leiter der Wohnungsgenossenschaft ist. Die Reaktion der Genossenschaft ist aber nicht die Entlassung der ‹Roten Socke›,
sondern die Kündigung der Arbeitnehmerin wegen Störung des Be-
triebsfriedens. Das Arbeitsgericht gibt der Genossenschaft sogar recht.»
Wassermann hatte den Sachverhalt gleich mehrfach verfälscht: Die betref-
fende Angestellte hatte mit Veröffentlichung in der «Bildzeitung» behauptet, der Chef der Wohnungsgenossenschaft – ihr Dienstvorgesetzter
– habe vor 1989 aus dem Westen geflüchteten Terroristen Unterschlupf in
einer der von ihm verwalteten Wohnungen gewährt. Vor Gericht blieb sie
jeden Anhaltspunkt für diese Behauptung schuldig (vgl. Urteil des Ar-
beitsgerichts Magdeburg vom 20. 5. 1992 – 5 Ca 21 / 91). Sie hatte ihre ver-
leumderischen Vorwürfe frei erfunden. Und Wassermann hatte wiederum den gesamten Sachverhalt nochmals grob entstellt.

In einem merkwürdigen Widerspruch zu der Rigorosität, mit der Wassermann heute jede von SED-Juristen begangene Unbill streng geahndet
haben will, steht auch seine nachsichtige Bewertung eines Justizmordes
durch NS-Juristen: Am 9. Mai 1945, also nach der Kapitulation, verur-

teilte der Oberkriegsgerichtsrat Wilhelm Spies in Nord-Norwegen vier junge Soldaten wegen militärischen Aufruhrs und ließ sie hinrichten. Nach Aufdeckung dieser Rechtsbeugung durch die Presse im Jahre 1971 kam Wassermann zwar nicht umhin, gegen den nun als Landgerichtsdirektor in Braunschweig amtierenden Spies eine Voruntersuchung einzuleiten. Dann stellte er das Verfahren gegen Spies aber ein. Spies konnte bis zu seiner planmäßigen Pensionierung unbehelligt weiter richten.

Vor der Enquête-Kommission zur «Aufarbeitung der SED-Diktatur» in Deutschland forderte er, um zu noch mehr Verurteilungen von SED-Funktionären zu kommen, zu einem «kreativen» Ansatz in der Rechtsanwendung auf, also zu einer Verletzung des Verfassungsgrundsatzes «Keine Strafe ohne genaue vorherige gesetzliche Klarstellung der Strafbarkeit» (vgl. Das Parlament vom 6. 10. 1992). Er verlangte von den heutigen Strafrichtern also den nachlässigen Umgang mit dem Gesetz, den er den DDR-Richtern vorwirft.

Man wird Wassermann wohl nicht zu nahe treten mit der Rüge, zweierlei Maß gegenüber NS-Juristen einerseits und SED-Funktionären andererseits anzuwenden, dies schon bei der Wiedergabe von Sachverhalten ...

Die Namen Rupert Scholz und Wassermann – ich könnte weitere Namen nennen – erwähnte ich nicht ohne Grund: Rupert Scholz erschien geeignet als Vorsitzender des Verfassungsrats von Bundestag und Bundesrat. Und bei Rudolf Wassermann war seine merkwürdige Vorgeschichte kein Hindernis für die Wahl zum Mitglied des Verfassungsgerichts von Niedersachsen, dem er ungeachtet seines weiteren Abdriftens in die Nähe des rechten Randes meines Wissens noch heute angehört.

Mir geht es nicht darum, die erschreckend zahlreichen Fälle von Doppelmoral bei der Aufarbeitung der deutsch-deutschen Vergangenheit von 1933 bis 1945 und von 1945 bis 1989 sämtlich aufzudecken. Es geht vielmehr darum, daß wir von jener verhängnisvollen Anklägerpose und Aufrechnungsmentalität wegkommen und den Teufelskreis gegenseitiger Bezichtigungen verlassen. Sollte man nicht also auch einem Rupert Scholz und einem Rudolf Wassermann die Möglichkeit eines Gesinnungswandels zugestehen? Dann sollte man aber erst recht nicht eine Daniela Dahn auf einige – zugegebenermaßen überspitzte – Äußerungen festnageln ...

In den Forderungen nach einer verschärften strafrechtlichen Abrechnung mit den SED-Verfehlungen hört man z. B. bislang kaum etwas über die lebensgeschichtlichen Verstrickungen vieler SED-Akteure. Konnte man aber etwa in Strafverfahren gegen ehemalige NS-Täter Objektivität und Gerechtigkeit von einer Frau (Hilde Benjamin) erwarten, deren Ehemann von den Nationalsozialisten im Konzentrationslager ermordet, deren Schwager von den Nationalsozialisten in den Tod getrieben war und die bereits vor 1933 mit der angeblich unpolitischen «bürgerlichen Justiz» schlimme Erfahrungen gemacht hatte? Und in Waldheim wurden schrecklicherweise Männer zu Richtern bestellt, die im Dritten Reich im KZ und Zuchthaus gesessen hatten und die nun über angebliche oder wirkliche NS-Verbrecher urteilen sollten. Es ist das Verdienst von Frau Dahn, daß sie auf solche psychologisch-politischen Wechselwirkungen in der deutsch-deutschen Geschichte aufmerksam gemacht hat ...

Wegen ihrer Bereitschaft, die Empörung über begangene Untaten und menschliches Versagen in Nachdenklichkeit für die Gegenwart umzuwandeln, wäre Frau Dahn sicher eine Bereicherung für das Verfassungsgericht des Landes Brandenburg, gerade auch als Nichtjuristin. Im übrigen bin ich davon überzeugt, daß Frau Dahn durchaus unterscheiden kann zwischen der Rolle der Essayistin – die polemisch überdeutlich zuspitzen darf und dies gegebenenfalls muß – und der Funktion eines zum ausgewogenen Urteil verpflichteten Richters.

Zu ganz anderen Bewertungen gelangte der in Kramers Text mehrfach als Apologet der Rechtssprechung im Dritten Reich genannte Rudolf Wassermann, der in seinem Kommentar für die Neue Juristische Wochenschrift *die Eignung Daniela Dahns für das Verfassungsgericht in Frage stellte und sie am Wirken des Theologen Richard Schröder maß. Daniela Dahn wiederum hatte Schröder nach der Wende mehrfach öffentlich vorgeworfen, als SPD-Fraktionsvorsitzender in der Volkskammer ostdeutsche Eigentumsinteressen unzulänglich vertreten zu haben.*

Neue Juristische Wochenschrift 2 / 99
Nichtjuristen als Verfassungsrichter – zum Fall Dahn
Von Prof. Dr. Rudolf Wassermann

... die Mitwirkung an der Verfassungsrechtsprechung stellt höhere Anforderungen. Deshalb wird in den einschlägigen Rechtsnormen, die die Voraussetzungen für die Verfassungsrichterwahl normieren, verlangt, daß die Nichtjuristen, die Mitglieder des Verfassungsgerichts werden sollen, «im öffentlichen Leben erfahrene Personen allgemeinen Vertrauens» und auf das Amt des Mitglieds des Verfassungsgerichts «besonders geeignet» sein müssen (…). Um die Frage der Eignung in solchem Sinn ging es im Falle der von der PDS vorgeschlagenen Schriftstellerin Daniela Dahn. Die Kandidatin hatte keine Erfahrungen im öffentlichen Leben aufzuweisen – im Gegensatz etwa zu dem ebenfalls vorgeschlagenen und dann gewählten Theologieprofessor Richard Schröder, der Fraktionsvorsitzender der SPD-Fraktion in der letzten DDR-Volkskammer gewesen war. Auch sonst war nichts ersichtlich, worauf die besondere Eignung der Kandidatin für das Verfassungsrichteramt hergeleitet werden könnte. Die als «Stimme des Ostens» und «Jeanne d'Arc des Ostgefühls» hochgelobte Autorin hatte daher von vornherein keine Chance. Um so erstaunlicher war es, daß im zuständigen Landtagsausschuß – es handelte sich um den Hauptausschuß – zunächst keine gravierenden Einwendungen gegen Frau Dahn erhoben wurden. (…) Die Einsicht, daß die Mitgliedschaft im Verfassungsgericht eine besondere Eignung erfordert, die nicht durch schriftstellerische Erfolge mit polemischen Büchern ersetzt werden kann, blieb ihr verwehrt …

14. Dezember 1998, Berliner Zeitung
Eine Frage der Ehre
Von Alexander Osang

Berlin, im Dezember. Womöglich wäre es nicht dazu gekommen, wenn sie Pfarrer Kuhnert erkannt hätte. Vielleicht wäre es besser gewesen, keinen Text über die Gauck-Behörde zu schreiben, der die Frage enthält: «Mit welchem Sonderauftrag eigentlich?» Sicher kam ihr Streit über die Koalitionen von SPD und PDS in die Quere. Aber wahrscheinlich kann man das Problem auch mit Hilfe von Ingo Decker erklären.

Ingo Decker ist der Pressesprecher der brandenburgischen SPD, was kein besonders aufregender Job ist, weil die brandenburgische SPD nicht so besonders aufregend ist. Es gibt Stolpe, Regine Hildebrandt und eine absolute Mehrheit. Decker stammt aus Bremen, hat Politologie in Marburg studiert, er kam 1992 nach Brandenburg und lernt seitdem den Osten kennen. Oder das, was er dafür hält. Die Journalisten mögen ihn, denn Deckers Zimmertür steht ihnen offen. Er ist interessant und eifrig, und sein Weg wird ihn sicher irgendwann dort hinführen, wo die Wege von Pressesprechern enden. Wo immer das ist. Er hat sich ein großes Ampelmännchen-Poster in sein Arbeitszimmer gehängt, um Ostkompetenz zu zeigen. Außerdem gibt es eine Tony-Blair-Postkarte und eine Tony-Blair-Kaffeetasse, weil bei Manfred Stolpe nicht Schluß sein muß.

Vor einigen Wochen passierte dann mal was bei der brandenburgischen SPD. Nun liegen auf Deckers Tisch zwei Taschenbücher der ostdeutschen Publizistin Daniela Dahn. Eines heißt «Westwärts und nicht vergessen», das andere «Vertreibung ins Paradies». Darunter liegen Nachschlagewerke zur politischen Strafjustiz in der DDR, daneben ein dicker Papierpacken. Auf dem Deckblatt steht: «Daniela Dahn – eine umstrittene Kandidatin».

Es ist eine Textsammlung, die Decker zusammengestellt und in sechs Kapitel aufgeteilt hat. Kapitel «0» heißt «Klartext Daniela Dahn» und besteht aus vier Seiten Zitaten, die beweisen sollen, daß die Autorin als Verfassungsrichterin des Landes Brandenburg ungeeignet ist. Die griffisten sickerten ins Land und schmücken heute Leitartikel von Leicht, Bölling und Markwort. Es gibt keinen Kontext, es gibt nur die Zitate. Die Stellen. «Natürlich werden auch in der Bundesrepublik täglich millionenfach die Menschenrechte verletzt», ist eine. Eine andere: «Mit Blick auf die von mir erlebte poststalinistische DDR und die finanzstalinistische BRD scheint mir: Die Summe der Repressionen ist immer gleich.»

Decker gibt seine Sammlung gern weiter, Daniela Dahn sitzt in ihrem Reihenhaus in Adlershof und denkt darüber nach, was sie in den letzten Jahren alles so gesagt hat. «Ich habe diese Sachen doch alle in einem bestimmten Umfeld geschrieben. Es ist jetzt, als fließe alles unter mir weg. Wenn ich gewußt hätte, was da auf mich zukommt, hätte ich mir diese Kandidatur sicherlich nicht angetan.»

Daniela Dahn galt als sichere Kandidatin für einen der neun Verfassungsrichterplätze Brandenburgs. Sie war zu DDR-Zeiten aufmüpfiger als andere und hatte in den letzten Jahren zahlreiche Kontakte zur SPD geknüpft. Sie arbeitet im Willy-Brandt-Kreis mit, in der Friedrich-Ebert-Stiftung und hatte sogar an einem Wahlkampfauftritt Gerhard Schröders in Berlin teilgenommen. Weil ihre geradlinigen, konsequenten Texte etwas Ordnung in manches Ostleben brachten, galt sie bei manchen als Stimme des Ostens. Ein Fall für die PDS. Schon vor drei Jahren hatte die Partei versucht, die Dahn als Verfassungsrichterin zu gewinnen.

«Damals wollte ich nicht, weil ich an einem Buch arbeitete. Anfang des Jahres hab ich zugesagt. Ich habe ja ein Interesse an juristischen Reflexionen. Ich bin in die erste Anhörung lax reingegangen. Die waren auch alle freundlich, es gab ein paar Fragen zur Familie, es wurde gelacht, am Ende haben sie mich mit Beifall verabschiedet. Steffen Reiche sagte, daß er nur bedauere, mich nicht selbst vorgeschlagen zu haben. Ich hatte gedacht, das war's.» Aber als sie die Runde verlassen hatte, erklärte Brandenburgs Justizminister Bräutigam seine Bedenken. Er hatte vor allem Probleme mit einem Essay, in dem Daniela Dahn um Verständnis für eine Richterin der Waldheim-Prozesse warb. Sie bekam eine 21:15-Mehrheit, ein für brandenburgische SPD-Verhältnisse nahezu revolutionäres Ergebnis. Birthler, der für Daniela Dahn gestimmt hatte, verkündete, die SPD stimme dem PDS-Vorschlag zu. Stolpe äußerte sich verschwiemelt zustimmend …

«Danach erfuhren die Dinge eine gewisse Beschleunigung», sagt Andreas Kuhnert vorsichtig.

In Potsdam gründete sich eine Initiative von vierzig Brandenburger Bürgerinnen und Bürgern gegen die Wahl Daniela Dahns zur Verfassungsrichterin. Kontaktadresse war die Anschrift von Gisela Rüdiger, die die Potsdamer Gauck-Behörde leitet. Zur gleichen Zeit setzten sich Günter Gaus, Günter Grass, Christoph Hein, Walter Jens, Christa Wolf und andere in einem Offenen Brief an den Landtagspräsidenten für Daniela Dahn ein. Die gesamten Geistesschaffenden Deutschlands schienen sich auf die beiden Listen zu verteilen, wobei nicht immer klar war, ob es noch um Daniela Dahn ging.

Ein nationaler Spot fiel in diesen Tagen auf die brandenburgische SPD-Fraktion, Landpfarrer Kuhnert erklärte, daß er gar nicht mehr so genau wisse, wie er abstimmen werde, Stolpe äußerte sich verschwiemelt unentschieden. In einer Fernsehdiskussion mußte sich Daniela Dahn mit Markus Meckel auseinandersetzen, der gar kein brandenburgischer Abgeordneter ist und zudem aus Edinburgh zugeschaltet werden mußte, weil sich keiner der Potsdamer Genossen als Gegenspieler bereitfand. Die Fraktion entschied, Daniela Dahn ein weiteres Mal vorzuladen.

Das wird morgen sein. Ein nationales Ereignis. High noon im Kreml. Worum es gehen wird, ist unklar. «Ich weiß nicht, was die von mir erwarten», sagt Daniela Dahn. Wahrscheinlich, daß sie nicht so ist, wie sie ist. Nicht so anmaßend und stur. Nicht so naiv und arrogant. Das Problem mit Daniela Dahn ist, daß sie sich nicht so richtig einordnen läßt. Sie macht nicht mit. Keine Verabredungen, keine Kompromisse. Zusammen mit ihrer stoischen Uneinsichtigkeit kann sie einen Gegner wütend machen. Und auch kopflos.

Decker nennt die Entscheidung eine Frage der Ehre. Er hat sich festgebissen. Er kann stundenlang aus seinen Unterlagen zitieren. Mit Betonung. Er sagt, daß er sich wegen Daniela Dahn beim Rasieren schnitt, daß er ihretwegen wieder mit dem Rauchen anfing, und man fragt sich, ob das ein Witz sein soll. Er nennt sie eine «verzogene Ideologin». Aber wenigstens hat er die Bücher gelesen.

Der SPD-Fraktionsvorsitzende Birthler hat seine Meinung zu Daniela Dahn geändert, obwohl er ihre Texte nur «quergelesen» hat. Die Abgeordnete Christel Dettmann hat bereits zweimal gegen sie gestimmt und wird wohl wieder gegen sie stimmen, obwohl sie die Bücher nicht gelesen hat. «Ich komme da nicht ran», sagt Christel Dettmann. «Dabei lese ich eigentlich gern.» Die Abgeordnete Martina Gregor wird wahrscheinlich für Daniela Dahn stimmen. Ebenfalls ohne die Bücher zu kennen. «Ich finde es schlimm, wie mit ihr umgesprungen wird. So würde man das mit keinem Mann machen. Und mit der Bemerkung, sie würde nicht auf dem Boden des Grundgesetzes stehen, kannst du jeden totmachen. Das ist wie Stasi oder Scientology.» …

Stolpe äußert sich inzwischen verschwiemelt ablehnend. Steffen Reiche, der Daniela Dahn sofort das «Du» anbot, «weil er auch mal am Prenzlauer Berg gelebt hat», stellte vor drei Tagen «ein verändertes Wahrnehmungsbild von Frau Dahn» bei sich fest. «Ich kannte bislang nur das Buch ‹Prenzlauer Berg-Tour› und muß nun weiterlesen. Vergleiche zur DDR halte ich aber für problematisch», sagt Reiche. «Ich bin leidenschaftlicher BRD-Bürger.»

Wenigstens auf Regine Hildebrandt ist Verlaß. «Dies hätte ich alles auch schreiben können», sagt sie. «Man tut der Frau regelrecht ein Unrecht an.»

Daniela Dahn überlegt, ob sie ein Tonband oder einen Zeugen mit zur Anhörung bringt. Der Rechtsprofessor Uwe Wesel bot an, sie zu begleiten. «Ich bin in den letzten Wochen so oft falsch zitiert worden, ich könnte jeden Tag drei Richtigstellungen fordern. Aber das Schlimmste ist, daß mir meine Westfreunde sagen: Mach dir nichts draus. Morgen jagen sie eine andere Sau über den Platz.»

Wenn Ingo Decker Daniela Dahn irgendwelche Empfehlungen geben würde, dann die, auf Wesel und Band zu verzichten. «Sie bringt die Fraktion nur noch mehr gegen sich auf.» Es sieht so schon nicht besonders gut aus. Decker weiß von zwei frischen Gegenstimmen. Aber er läßt nicht locker. Am Freitag abend, als alle längst zu Hause waren, saß er noch an seinem Schreibtisch und telefonierte mit Dr. Johano Strasser, dessen Namen er auf der Liste derjenigen fand, die sich für Daniela Dahn einsetzten. Es habe ihn gewundert, ihn dort zu finden, sagte Decker. Wie er da so zwischen Ampelmännchen und Blair-Tasse im Kreml saß, draußen die kalte Potsdamer Nacht, drinnen eine Schachtel F6 auf dem Tisch und am anderen Ende einen Autoren aus Bayern, da sah es so aus, als habe er es geschafft. Als sei er angekommen.

15. Dezember 1998, **Brief von Cora-Beate Schaumann**, Stellvertretende Bundesvorsitzende der Arbeitsgemeinschaft sozialdemokratischer Juristinnen und Juristen (ASI) an den SPD-Fraktionsvorsitzenden Wolfgang Birthler

… Die Arbeitsgemeinschaft sozialdemokratischer Juristinnen und Juristen, Landesverband Berlin, hat mit Frau Dahn einige Male in kleinem Kreis auf Grund ihres Buches «Wem gehört der Osten» über rechtliche Probleme bei den offenen Vermögensangelegenheiten diskutiert, sachlich und auf dem Boden des Grundgesetzes.

Als Richterin auf dem Gebiet der offenen Vermögensangelegenheiten in Potsdam verdanke ich Frau Dahns Büchern «Wem gehört der Osten» und «Westwärts und nicht vergessen» neben Misselwitz' «Nicht länger mit dem Gesicht nach Westen» den entschiedenen Beitrag zum Verständnis der Empfindungen und Erfahrungen der Bürger in den neuen Ländern. Frau Dahn ist sicher eine kritische Beobachterin ihrer Umgebung und ist dies wohl unstreitig auch stets gewesen. Sie wird sicher keine bequeme, widerspruchslos zustimmende Richterin. Dies und ihre Kenntnisse aus der Zeit der DDR würden sie aber, darin bin ich mir mit vielen Mitgliedern der Arbeitsgemeinschaft einig, für ein richterliches Team zu einem Gewinn machen …

Ich hoffe, die Fraktion findet eine politisch kluge Entscheidung.

Am Tag der mit Spannung erwarteten, laut Geschäftsordnung gar nicht vorgesehenen zweiten Anhörung verschafften sich die Journalisten noch einmal kräftig Gehör.

15. Dezember 1998, Süddeutsche Zeitung
Die Richterbank ist keine Schulbank
Warum es absurd ist, die Schriftstellerin Dahn zur ehrenamtlichen Verfassungsrichterin zu küren
Von Heribert Prantl

Man sollte der Schriftstellerin Daniela Dahn keinen persönlichen Vorwurf machen: Sie ist überzeugt von dem, was sie schreibt. Es ergeht ihr so, wie so vielen Menschen im Osten: Sie ist noch nicht richtig warm geworden mit der Demokratie, und die Prinzipien einer rechtsstaatlichen Verfassung sind ihr noch einigermaßen fremd. Aber warum sollten sie solche Defizite dafür qualifizieren, ausgerechnet Verfassungsrichterin zu werden?

Daniela Dahn streichelt Vorurteile gegen die alte Bundesrepublik (man darf solche haben, und einige bestehen ja zu Recht) und sie pflegt die gute Erinnerung an die alte DDR (auch das ist erlaubt). Daniela Dahn macht das alles geschickt, und deshalb werden ihre Bücher gern gelesen in den Wärmestübchen des Sozialismus. Dagegen ist nichts einzuwenden – Daniela Dahn befriedigt ostalgische Nachfrage. Sie zeigt damit nicht zuletzt, daß sie die Gesetze der Marktwirtschaft verstanden hat. Die Gesetze der Marktwirtschaft sind aber nicht die, die an einem Verfassungsgericht der Maßstab sind. Dort geht es auch nicht um die juristische Erfassung des östlichen Wir-Gefühls. Auch am Landesverfassungsgericht Brandenburg geht es darum, die Verfassung auszulegen und staatliches Handeln daran zu messen. Wer die Verfassung nicht kennt, kann sie nicht auslegen. Wer sie nicht versteht, kann sie anderen nicht erklären. So einfach ist das. Also ist es absurd, die Schriftstellerin Dahn zur ehrenamtlichen Verfassungsrichterin von Brandenburg zu machen.

Sitzungen eines Verfassungsgerichts sind ab und an Lehrstunden in Sachen Demokratie und Rechtsstaat. Das geht aber nur dann, wenn auf der Richterbank die Lehrer sitzen und nicht die Schüler. Die Richterbank ist keine Schulbank. Das ist kein Unwerturteil gegen die Schriftstellerin Daniela Dahn. Als Schriftstellerin darf Daniela Dahn DDR und Bundesrepublik gleichsetzen, wie sie es mit folgendem Satz getan hat: «Mit Blick auf die von mir erlebte poststalinistische DDR und die finanzstalinistische BRD scheint mir: Die Summe der Repression ist immer gleich.» Das ist zwar ein horrender Unsinn, aber die Meinungsfreiheit bewährt sich darin, auch Unsinn verbreiten zu dürfen. Über die berüchtigten Waldheimprozesse von 1950 (deren Urteile nach der Wiedervereinigung aufgehoben wurden) schreibt Dahn, es sei unhistorisch gedacht, hätte man von der Justiz damals «formaljuristisch perfekte Prozesse» erwartet. Wer das Recht auf ein faires Verfahren, das Recht auf ordentliche Verteidigung und das Recht auf unabhängige Richter (all das hat es bei der Justizfarce in Waldheim nicht gegeben) als Formaljuristerei bezeichnet, der kann nicht die Gewähr dafür bieten, daß er den Wert dieser Rechte richtig erkennt und zum Maßstab seiner richterlichen Beurteilung macht: So ist es bei Frau Dahn.

Man tut ihr also keinen Tort an, wenn man sie für ungeeignet hält. Das Problem ist nicht sie, sondern ihre fehlende Qualifikation. Und ein Problem sind vor allem die, die Daniela Dahn allein deshalb für geeignet halten, weil sie das Ost-Gefühl verkörpere. Wem das ausreicht, der hat kein Gefühl für den Rechtsstaat.

26. Januar 1999, Süddeutsche Zeitung
Leserbrief von Hans Krieger

Sobald es um die einstige DDR geht, könnte man meinen, daß namens Heribert Prantl sich ein anderer bedient als das SZ-Redaktionsmitglied, um unter falschem Etikett Borniertheiten zu verbreiten. Die Art, wie dieser Pseudo-Prantl die Schriftstellerin Daniela Dahn abkanzelt, ist nicht nur der oberlehrerhaften Arroganz des Tones wegen schwer erträglich, auch nicht nur der Infamie wegen, mit der er ihr unterstellt, Marktchancen rascher zu begreifen als rechtsstaatliche Grundprinzipien und mit ihren Plädoyers für eine differenzierte Sicht lediglich ‹ostalgische Nachfrage› zu befriedigen. Daniela Dahn hat durchaus nicht versucht, die Urteile in den berüchtigten Waldheim-Prozessen von 1950 zu rechtfertigen oder auch nur zu entschuldigen; sie sagt das mehrmals ganz ausdrücklich und völlig unmißverständlich und gebraucht für das Klima dieser Prozesse sogar den Ausdruck ‹Vergeltungsterror›. Es kann keine Rede davon sein, daß sie das Recht auf ein faires Verfahren als ‹Formaljuristerei› bagatellisiert hätte, über deren Kleinlichkeiten man sich im Namen höherer Rechtsgüter leichten Sinnes hinwegsetzen dürfte. Was sie getan hat, ist etwas völlig anderes: Sie hat versucht, die Waldheim-Urteile aus der Zeitsituation nach dem Ende des Nazi-Terrors zu erklären, also den psychopolitischen Tathintergrund aufzuhellen …

Für die Merkwürdigkeit, daß der europaweit geübte ‹Vergeltungsterror› (den sie psychologisch verstehbar, aber durchaus nicht rechtlich akzeptabel findet) einzig und allein in Ostdeutschland nach Jahrzehnten noch strafrechtlich geahndet wurde, versagt sie sich das naheliegende Verdikt ‹Siegerjustiz›; sie insinuiert nicht einmal den Gedanken unter Vermeidung des Wortes. Sie versagt es sich auch, mit voller Schärfe den logischen wie moralisch-rechtlichen Widerspruch auszuloten, daß an der mit fast 80 Jahren noch abgeurteilten DDR-Juristin Jendretzky genau das vollstreckt wurde, was nach dem Schuldspruch ihrer Westrichter ihr Vergehen in den Waldheimprozessen gewesen sein soll: Nichtberücksichtigung der Rechtsverhältnisse zur Tatzeit, die ein Unrechtsbewußtsein nicht aufkommen ließen.

Daniela Dahn versagt es sich sogar, die Diskrepanz im Umgang mit Nazi-Justiz einerseits und DDR-Justiz andererseits für sich auszuschlachten: Die Waldheim-Urteile waren nach der Wiedervereinigung im Nu annulliert, während es Jahrzehnte gedauert hat, bis wir uns dazu durchringen konnten, die Unrechtsurteile der Nazi-Richter generell für ungültig zu erklären.

15. Dezember 1998, tageszeitung
Ein Riff mit Namen Daniela
Von Georg Löwitsch

Daß Manfred Stolpes SPD ausgerechnet an Daniela Dahn geraten mußte. Nicht, daß es den mit CSU-gleicher Machtvollkommenheit herrschenden Sozialdemokraten an Skandalen gemangelt hätte. Von der Stasi-Affäre des Ministerpräsidenten ging es über Schlampereien in Regine Hildebrandts Sozialministerium zum Justizminister Hans-Otto Bräutigam, der den Ausbruch eines bundesweit bekannten Schwerverbrechers rechtfertigen mußte. Doch noch immer gelang es den Sozialdemokraten in Eintracht von Regierung, Fraktion und Partei, die Krisen auszusitzen. Bis Daniela Dahn kam. Sie ... zwingt durch ihre zugespitzten Thesen zu eigenen Gedanken. Sie stellt die SPD vor Gewissensfragen ... Entstehe der Eindruck, daß die SPD die «Stimme des Ostens» ablehnt, analysiert auch Pressesprecher Decker, «dann haben wir ein Problem». Wählt die Fraktionsmehrheit aber Dahn wider Erwarten doch, würde sie als wankelmütig verlacht.

15. Dezember 1998, Der Tagesspiegel
Die PDS, nicht Daniela Dahn
Von Gert Appenzeller

... Am Donnerstag soll der Landtag sein Votum über die beiden PDS-Kandidaten abgeben.

Der Streit geht freilich nur vordergründig um Frau Dahn. Der gesunde Menschenverstand sagt einem, daß man nicht jemanden zum Richter in einem Staats- und Gesellschaftssystem machen kann, der zu diesem in Fundamentalopposition steht. Es wäre eine Einladung zur Unterwanderung. Es geht hier ganz grundsätzlich darum, wie die Politik mit der PDS umgeht. Wer sich, wie die SPD in Sachsen-Anhalt, in Mecklenburg-Vorpommern und bedingt auch in Brandenburg einbildet, die PDS durch Einbindung «entzaubern» zu können, muß damit rechnen, daß das geneigte Publikum sich nicht voller Entsetzen abwendet, sondern verzückt hinschaut ...

15. Dezember 1999, Ostdeutscher Rundfunk Brandenburg,
Kommentar von Thomas Braune am Abend nach der Anhörung

«Zumindest für die Fraktionäre der SPD war es eine interessante, nach übereinstimmender Meinung sogar beeindruckende 1½ Stunde. Eine Unterhaltung mit einer bundesweit bekannten Publizistin ist ja in der Regel ein Gewinn. Was es für die, noch immer am Verfassungsrichteramt festhaltende Kandidatin Daniela Dahn gebracht hat, das werden die nächsten Tage zeigen.

Das Waldheimkapitel und die daran geknüpfte Formulierung, sie stünde außerhalb des Rechtsstaates, scheint nun vom Tisch zu sein. Es geht vielmehr um die Frage, ob eine kritische Publizistin, auch wenn sie auf dem Boden des Rechtsstaates steht, für das Verfassungsrichteramt taugt oder ob dieses Amt ein höheres Maß an Zurückhaltung fordert, was eine solche Schriftstellerin logischerweise nicht leisten kann. Verfassungsgerichtspräsident Macke hat die Frage der Tauglichkeit bejaht, hat gesagt, da könne man trennen. Und eigentlich war die 1990 erfolgte Wahl des Verfassungsrichters Arnim, der ja auch ein gesellschaftskritischer Mann ist, ein Beleg dafür, daß das geht. Aber jetzt haben wir 1998, und da sehen das einige in der SPD anders.

... Man hat 1990 in die Verfassung geschrieben, daß im Verfassungsgericht neben sechs Richtern auch drei Laien sein können, um das Leben dort reinzuholen. Jetzt scheint mir, will man das Leben doch etwas gefiltert haben.»

Am Tag nach der Anhörung zitierte die Berliner Zeitung *Fraktionschef Birthler, der «bedrängt von einem halben Dutzend Fernsehkameras und einer Schar von Journalisten» gesagt hatte, daß Dahn auf alle Fragen «klar und überzeugend» geantwortet habe. Die* MAZ *zitierte Ministerpräsident Stolpe: «Es war ein faires Gespräch auf hohem Niveau», und Kultusminister Steffen Reiche: «Sie war sehr überzeugend». Auch Ex-Agrarminister Edwin Zimmermann habe sich von der Kandidatin «sehr beeindruckt» gezeigt, wolle aber nicht sagen, wie er abstimmen wird. Dahn-Kritikerin Heidrun Förster aus Frankfurt / Oder habe aus ihrer Ablehnung keinen Hehl gemacht: «Ich habe eine andere Meinung und bleibe dabei.»*
    Kuriosität am Rande: Auf Wunsch der Autorin wurde ein Mitschnitt von dieser Anhörung gemacht. Als Daniela Dahn nach Wochen das Tonband bekam, waren in mühsamster Kleinarbeit alle Fragen, alle Zwischenrufe und Bemerkungen der SPD-Abgeordneten herausgeschnitten.

16. Dezember 1998, Stuttgarter Zeitung
Die Richterin in spe zieht viele Pfeile auf sich
Von Otto Jörg Weis

Dumm gelaufen, sagen die Zyniker in der brandenburgischen SPD-Fraktion. Die Kandidatin, die Schriftstellerin Daniela Dahn, mit fleckenloser Ost-Biographie ..., hat Bücher (Auflage mehr als 100 000) geschrieben, wie «Wir blieben hier» oder «Wem gehört der Osten», oder «Vertreibung ins Paradies». Es sind nicht nur Bücher, es sind Streitschriften. Kuhnert las und fand «Stellen». Er strich die Stellen an, faßte sie zusammen in einem Papier, das die Kandidatin als unwählbar bezeichnete. Was nutzte es, daß der Kirchenmann später zumindest teilweise revozierte, weil mit den Zitaten nicht alles seine Richtigkeit hatte. Fast über Nacht standen von den 52 SPD-Abgeordneten des Brandenburger Landtags nur noch acht für die Kandidatin.
    Das lokale Presseecho war miserabel: «Unrühmliches Spiel der SPD», «Viel Hin und Her hinter den Kulissen» um eine «zum Abschuß freige-

gebene Publizistin» in der «kaum mehr führungsfähigen SPD-Fraktion». Der Fraktionsvorsitzende Wolfgang Birthler, «im Prinzip» Dahn-Befürworter, zeigte sich «nicht glücklich». Stolpe schlug sich seitwärts in die Büsche, «Dumm gelaufen …»

… In dieser Woche: Wiedervorlage des «Falls». Gestern neuerliches «Vorsingen» der Kandidatin vor der vor Selbstgerechtigkeit strotzenden SPD-Fraktion. Man hat schließlich die absolute Mehrheit. Morgen steht als Punkt 1 auf der Tagesordnung des Landtags: «Wahl von Richterinnen und Richtern des Verfassungsgerichts des Landes Brandenburg. Wahlvorschlag der Fraktion der PDS».

Der PDS ist gar nichts anderes übriggeblieben als an der von ihr nominierten Bewerberin festzuhalten, wolle sie «die verlorene Ehre der Daniela Dahn» wiederherstellen …

Die 49jährige aus Berlin-Adlershof zitiert zuweilen aus Umfragen, wonach sich bis heute nur neun Prozent der Ostdeutschen als vollwertige Bundesbürger fühlen, und fügt hinzu: «Ich selbst zähle mich übrigens dazu.» Sie hat die Kandidatur nach Zögern angenommen, um «demokratische Mitwirkung zu probieren», neugierig, lernbereit: «Hierzulande gelten soziale Grundrechte bestenfalls als unerfüllbares Ideal», hat Daniela Dahn vor Jahresfrist in einem Aufsatz geklagt: «Ach wie gut, daß niemand weiß, warum in einigen Landesverfassungen nach dem Krieg das Recht auf Arbeit aufgenommen wurde und bis heute gilt.» Lernen im Rahmen der Sitzungen des Brandenburger Landesverfassungsgerichts – es könnte ein durchaus wechselseitiger Prozeß sein.

Die Juristen, von Berufs wegen konservativ, die in dem Gremium eine «sichere» Mehrheit haben, könnten der engagierten Querdenkerin beibringen, daß nicht alles, was in der Verfassung steht, wörtlich zu nehmen ist. Manches ist bloß Staatsziel, irgendwie. Auch die vagabundierenden Linken im Westen haben dies einst lernen müssen, vor zwanzig Jahren. Die Juristen ihrerseits könnten einer zuhören, die nach dem Christenmotto argumentiert und agitiert: Was du dem Geringsten meiner Nächsten getan hast, das hast du mir getan.

Aber es gibt halt gravierende Differenzen, deren Bedeutung weit über den Einzelfall hinausreicht, wie Bisky in einem Offenen Brief konstatiert hat: «Es geht um die Haltung zu den kritischen Intellektuellen, zu ihrer Funktion in unserer Gesellschaft und um das Verständnis der Konsequenzen, die daraus im Hinblick auf ihre Eignung für eine verfassungsrichterliche Position zu ziehen sind.» Falls heute über die Kandidatin abgestimmt wird, werden noch immer die wenigsten Parlamentarier ein Dahn-Buch gelesen haben. Sie kennen nur von interessierter Seite vorsortierte «Stellen». Dumm gelaufen, sehr dumm ...

17. Dezember 1998
Ulrich Wickert in den Tagesthemen, am Vorabend der Wahl

... Mit Scharfblick und ganz unverkrampft kritisiert die Autorin das, was einem Westdeutschen im täglichen Leben vielleicht völlig normal erscheint, einem Ostdeutschen aber schwer zu schaffen macht, etwa der wirtschaftliche Druck ... «Ich habe einen ungebrochen positiven Eindruck von Frau Dahn», sagte Ministerpräsident Manfred Stolpe nach der Fraktionssitzung und fügte hinzu: «als Schriftstellerin». Aber sollte die Autorin auch Verfassungsrichterin werden?

Dazu ein **Kommentar von Gerd Krug:**

War die DDR ein Unrechtsregime? Daniela Dahn ist sich da immer noch nicht sicher. Vielleicht stimmt es, sagt sie, vielleicht stimmt es nicht. Kann man sich eine solche Frau als Hüterin der Verfassung vorstellen? Wohl kaum. Daniela Dahn ist eine gute Schreiberin, eine erfolgreiche Autorin, vor allem im Osten. Sie war ein kritischer Geist der DDR. Sie trifft heute die weitverbreitete Sehnsucht nach der sozialistischen Wärmestube. Und sie wird unterstützt von manchen Intellektuellen, die auch heute noch in der Berliner Mauer einige Nischen zum Überleben entdecken: wie Günter Gaus, der ehemalige Ständige Vertreter in Ostberlin.

Daniela Dahn gilt als die Stimme des Ostens. Aber Gefühle von enttäuschten Mitbürgern zu formulieren ist eine Sache. Die andere ist, mit klarem Kopf zu urteilen. Wer die Toten an der innerdeutschen Grenze mit denen vergleicht, die bei Übungen der Bundeswehr ums Leben kamen, der betreibt eine gefährliche Geschichtsklitterung.

Die umstrittene Personalie wäre mit einer Abstimmung schnell zu lösen, aber der Fall Daniela Dahn ist ein Symbol. Symbol für einen verschärften Kulturkampf, im Osten unserer Republik – und nicht nur dort.

Und nun die Causa Daniela Dahn. Sie hat sich mit vielen 1989 das Recht erstritten, alles zu sagen und zu schreiben, was sie will. Aber zu urteilen – Gott bewahre, würde ich sagen – glaubte ich an diese Instanz.

So hatten die Medien bis unmittelbar vor der Wahl Druck ausgeübt. Die Wahl selbst wurde im ORB life übertragen. Während die Abgeordneten einzeln zur Urne schritten, kommentierte Julius Schoeps, Professor für Neue Geschichte an der Universität Potsdam, den Vorgang. Er fand es «eigenartig, daß nur ein Richter des Verfassungsgerichtes Brandenburger» ist. Er kritisierte, daß Ostdeutsche ganz offensichtlich höhere Hürden zu überspringen hätten, wenn sie sich um ein Amt bemühten, als Westdeutsche. «Es darf nicht geschehen, daß ein Mensch in seiner Persönlichkeit verletzt wird, und das scheint mir in dem vorliegenden Fall geschehen zu sein.» Die Nichtjuristen in diesem Gremium seien eine Bereicherung und keine Gefahr. «Diese drei spielen ja letztlich keine entscheidende Rolle. Die Mehrheit sind, wenn man so will, Profis, also Volljuristen.» Daß ein Richter auch Publizist sein könne und sich durch kritische Äußerungen profiliert haben könne, bezeichnete er als den «Charme dieses Amtes».

Dann wurde das Ergebnis bekanntgegeben. Daniela Dahn erhielt 37, Prof. Dr. Martin Kutscha 51 von 83 Stimmen. Damit verfehlten beide die erforderliche Zwei-Drittel-Mehrheit. Daniela Dahn gab eine Presseerklärung ab.

17. Dezember 1998, **Presseerklärung von Daniela Dahn** nach der gescheiterten Wahl zur Brandenburgischen Verfassungsrichterin

Wer will, daß die Demokratie bleibt, der kann nicht wollen, daß sie bleibt, wie sie ist. Wer sie bewahren will, der muß sie kritisieren. Wer sie verbessern will, sollte sich darüber hinaus zu gestaltender Mitwirkung bereitfinden.

Meine Kandidatur für das Brandenburger Verfassungsgericht war ein Versuch, den viele Ostdeutsche leider längst nicht mehr machen wollen oder können: Durch engagiertes Mitgestalten Fremdheiten zu überwinden und sich für diese Gesellschaft verantwortlich zu fühlen. Für dieses Vorhaben habe ich viel Ermutigung erfahren, gerade auch durch Mitglieder der SPD. Wahlergebnisse sind zu akzeptieren. Es irritiert mich allerdings, mit welcher Ängstlichkeit ich nun zurückgewiesen wurde. Verwöhnt durch unbegrenzte Narrenfreiheit auf den weitgehend wirkungslosen intellektuellen Spielwiesen, hatte ich nicht für möglich gehalten, wieviel angepaßte Meinung in den Institutionen dieses Landes erwartet wird. Daß nicht nur mir dies wieder einmal deutlich demonstriert wurde, halte ich für keinen Gewinn.

Vielleicht ist es ja doch ganz gut, daß die Wahl so ausging und nicht anders, und vielleicht sollte die gescheiterte Kandidatin vor allem jenen Mitgliedern des Potsdamer Landtages dankbar sein, die sich gegen sie entschieden haben. Ihr, also der Schriftstellerin Daniela Dahn, wird es erspart bleiben, das Kulturinstitut Rechtsstaat in einem Land zu vertreten, dessen deutliche Mehrheit vom Rechtsstaat nicht viel weiß oder wissen will, und wir, also die Restdeutschen, werden vor dem Irrtum bewahrt, bald zehn Jahre nach dem Mauerfall könnten selbst in Dunkeldeutschland hier und da schon einigermaßen vertretbare Zustände herrschen. Mit anderen Worten: Alles andere als die geharnischte Abfuhr, die Brandenburgs Landtag gestern jeglichen Regungen der Vernunft, der Fairness und des schlichten Anstands erteilte, hätte wohl den Straftatbestand der Vortäuschung falscher Tatsachen erfüllt. Und zumindest jetzt stellt sich nicht etwa die Frage, warum Daniela Dahn nicht gewählt worden ist, sondern höchstens jene andere, wie man denn tatsächlich je hat glauben mögen, das Potsdamer Parlament werde dieser Frau auch nur den Hauch einer Chance geben.

Man muß sich das einmal vorstellen: Da präsentiert die – jaja, die PDS – als Kandidatin für einen Sitz im Brandenburger Verfassungsgericht eine Frau, die aus gleich mehreren Gründen eine Idealbesetzung wäre. Sie ist nicht Parteimitglied, sie hat nicht Jura studiert, sie kommt nicht aus den Westen. Sie gehörte zu DDR-Zeiten zwar nicht zur Opposition, aber auch nicht zum Establishment, sie neigt zu Widerworten, und sie hat nach der Wende zwei Bücher geschrieben, in denen sie sehr deutlich zwar nicht die Einheit an sich, wohl aber die Art und Weise kritisiert, in der sich die Einheit vollziehen soll. Was westlich der Elbe kaum jemand zu denken, zu sagen, geschweige denn zu schreiben wagt, hat sie in diesen Büchern klar und deutlich formuliert: Daß in Deutschland, wenn es um die Geschichte geht, nach wie vor mit zweierlei Maß gemessen wird, daß die Aufarbeitung der Vergangenheit zur ABM-Maßnahme für unvermittelbare Diplom-Märtyrer gerät und daß der Westen die Erfüllung seiner Verheißung bislang auch und zumal moralisch schuldig blieb. Man muß, weiß Gott, nicht alle Ein- oder Ansichten von Daniela Dahn teilen. Klar, aber, daß sie, eben dieser Ein- und Ansichten wegen das Vertrauen in die Kompetenz und Glaubwürdigkeit des Brandenburger Verfassungsgerichtes hätte stärken können. Klar indessen auch: So eine darf hierzulande nichts werden, und Richterin schon gar nicht. Es dauerte denn auch nicht lange, bis die ersten besorgnisschwangeren, bedenkensschweren Briefe zirkulierten, bis die Kolportagemaschinen des «Spiegel» und der Springer-Medien rotierten und die unvermeidlichen Bürgerrechtler mahnend ihre Stimme erhoben. Es dauerte nicht lange, bis aus dem Zusammenhang gerissene oder alert gefälschte Zitate die Autorin als eine etwas gestylte Ausgabe von Margot Honecker erscheinen ließen und den ehrenwerten Abgeordneten aus der Prignitz, aus dem Teltow-Fläming und der Uckermark den erforderlichen Schreck einjagten: Diese Frau kann lesen und schreiben. Schlimm genug. Obendrein kann sie selbständig denken und tut das auch. Unverzeihlich. Wenn sie doch wenigstens den einen oder anderen Besinnungsaufsatz für den «Spiegel» geschrieben hätte, für die «Welt am Sonntag» oder für die «FAZ». Hat sie aber nicht. Und als schon lange feststand, daß Brandenburgs verschwiemelte Sozialdemokratie ihre Wahl nicht, wie ursprünglich zugesagt, unterstützen werde, hat Daniela Dahn auf ihre Kandidatur bestanden: Die Dokumentation seiner Blamage wollte, konnte und durfte sie diesem Parlament nicht vorenthalten.

Einem alten Spruch zufolge hat jedes Land die Regierung, die es verdient. Es hat aber auch die Richter und Abgeordneten, die es verdient. Und nun wollen wir das Land Brandenburg ganz schnell wieder vergessen.

18. Dezember 1998, Neues Deutschland
Geschlossene Gesellschaft
Von Brigitte Zimmermann

Daniela Dahn ist als Verfassungsrichterin in Brandenburg unmöglich. Sie wird es verkraften, denn die agile Rechereurin hat wohl als erste verstanden, daß der Streit immer mehr von ihrer Person wegrückte und Züge eines ost-westlichen Kulturkampfs annahm, den die Mehrheit der SPD-Fraktion zuungunsten des Ostens entschieden hat.

Die Botschaft kann deprimierender kaum sein: Wenn eine Ostfrau mit der Reputation einer Daniela Dahn nicht gesellschaftsfähig ist, was haben dann weniger legitimierte Ossis zu erwarten? Und was wird von ihnen erwartet? Die Vorgänge um Dahn unterstreichen die gedachte erste Bürgerpflicht für den Ossi im neuen Deutschland: Ein gehöriges Maß an Botmäßigkeit möchte schon vorhanden sein, falls die Absicht besteht, auf wichtiger Ebene mitzumischen.

Doch es steckt auch ein optimistischer Ansatz im Potsdamer Geschehen. Dahn hat sich den eigenen Kopf nicht abkaufen lassen, sie ist die wahre Siegerin des Scharmützels. Und die SPD, samt ihrer biegsamen Führung um Stolpe, die immer für Dahn und gleichzeitig dagegen ist, wird diesen Tag noch verfluchen. Persönlichkeiten wie Dahn brüskiert man nicht folgenlos. Die Chancen der PDS sind jedenfalls nicht kleiner geworden.

Schon am Tag nach der gescheiterten Wahl demonstrierte ein Randlicht aus der Provinz, wie man mit jemandem umgeht, der öffentlich für «demokratieuntauglich» erklärt wird. In der Südwest Presse erfand ein anonymer Autor eine Verbindung zwischen Potsdam und Ulm, erinnerte sich an eine anderthalb Jahre zurückliegende Veranstaltung und wischte gleich noch den ungeliebten Veranstaltern eins aus.

18. Dezember 1998, Südwest Presse Ulm
Ulm und Potsdam

Gestern hat der Landtag in Potsdam entschieden, ob die Schriftstellerin Daniela Dahn Verfassungsrichterin im Land Brandenburg wird. Dabei spielte Ulm eine winzige Nebenrolle. Die umstrittene Kandidatin der PDS, die früher bei der SED war, gab hier einmal in einem Seminar («Nachdenken über Deutschland») eine Vorstellung, an die sich mancher Zuhörer nur schaudernd erinnert. Forsch verteidigte die stramme Parteisoldatin damals den Schießbefehl an der Mauer und beschrieb das wiedervereinigte Deutschland als einen Unrechtsstaat, der sich nur minimal von der DDR unterscheidet – ohne daß die Veranstalter Lothar Heusohn (vh) und Münsterpfarrer Volker Metelmann (Haus der Begegnung) allerdings das große Zerrbild erkennbar korrigiert hätten. Dieser Dahn-Auftritt kam am Rande der Beratungen in der Brandenburger SPD-Landtagsfraktion, die die junge Frau mehrheitlich ablehnt, kürzlich zur Sprache.

Die Redaktion erhielt empörte Briefe von Teilnehmern der damaligen Veranstaltung. Gisela Stummer schrieb: «Ein Gründungsmitglied des ‹Demokratischen Aufbruchs› als ‹stramme Parteisoldatin› zu bezeichnen, zeugt von einem groben, selbstverschuldeten Informationsdefizit ... Gibt es etwas wie einen Ehrenkodex der Journalisten?» Karin Jasbar erinnerte sich: «Frau Dahn wirkte auf mich und auch auf andere Teilnehmer sehr nachdenklich, offen, gesprächsbereit – also ganz das Gegenteil von ‹forsch›.» Die Leiterin der Volkshochschule, Dr. Dagmar Engels, bestätigte, daß Daniela Dahn weder den Schießbefehl verteidigt noch die Bundesrepublik einen Unrechtsstaat genannt habe. «Daraus resultiert, daß es kein ‹grobes Zerrbild› gab, das die Moderatoren des Abends hätten korrigieren müssen.» Beim Abdruck der Antwort von Lothar Heusohn am 13. 1. 99 ließ die Südwest Presse einige Passagen (kursiv markiert) sicherheitshalber weg.

26. Dezember 1998, Südwest Presse Ulm
Leserbrief von Lothar Heusohn

Natürlich ist eine Zeitungsredaktion kein uniformes Gebilde, sondern repräsentiert ein breiteres Spektrum von Meinungen, Ansichten, Positionen. Und natürlich müssen sich Veranstaltungen, die öffentlich angeboten werden, der Diskussion stellen, der Kritik und auch den kontroversen Ansichten. Der Artikel «Ulm und Potsdam» in der SWP vom 16. Dezember geht allerdings weit über das hinaus, was man seriöserweise erwarten kann und darf.

Ganz schlimm, m. E. unentschuldbar ist die Anlage des Artikels – und da geht es massiv ins Journalistische: hochsuggestiv («forsch», «stramme Parteisoldatin», «eine Vorstellung, an die sich mancher Zuhörer nur schaudernd erinnert», «grobes Zerrbild») und im Stile des billigsten Agitationsjournalismus. Die Etikettierung des «groben Zerrbilds» trifft die Schreiberin / den Schreiber selbst – und das ist eher noch verharmlosend. Das Ganze erinnert an das schon fast paranoide Getriebensein von Gedanken, pauschal «die Linken» – mehr noch: alles kritische Denken – zu «entlarven» (oder was in diesem Kopf als «links» oder «kritisch» gilt). All das erinnert an die dunkelsten Zeiten des Kalten Krieges der Adenauer-Ära. Dies ist Rufmord-Journalismus, *mehr noch: Hinrichtungsjournalismus.*

Ich denke: dies geht nicht. Wenn eine Journalistin / ein Journalist glaubt, Denkverbote über politische und historische Fragen verhängen zu können, dann ist das die eine Sache. Dann muß diese journalistische Position aber auch selbst wieder diskutierbar sein (und nicht – ich wiederhole es – versteckt, anonym, im Mäntelchen scheinbar objektiver Berichterstattung). Wenn mit diesem Versuch, faktische Tabus zu verhängen, aber die Zerstörung von Personen verbunden ist, dann hört in jeder Hinsicht der Spaß auf: dann bleibt nur noch die nackte Verleumdung übrig.

Was soll dieser Artikel in «Köpfe Klatsch Kurioses»? Hier handelt es sich nicht um «Kurioses», allenfalls um makabren «Klatsch». Vielleicht aber handelt es sich wirklich um «Köpfe», aber um Köpfe, die rollen sollen. Bei aller Verteidigung des Guts einer «freien Presse», aber dieses Gut kann nicht heißen, daß Menschen, die andere Positionen als eine Journalistin / ein Journalist aufweisen, auf infame Art und Weise zum Abschuß freigegeben werden. *«Hexenjagd» hat man dies in der McCarthy-Ära der 50er Jahre genannt* ...

Gibt es in einer Zeitungsredaktion – *in diesem Fall: der der SWP* – nicht noch irgendeinen Rest von Sorgfaltspflicht?

21. Dezember 1998, Frankfurter Allgemeine Zeitung
Die verlorene Zunge
Warum Daniela Dahn nicht Verfassungsrichterin geworden ist
Von Franziska Augstein

Die ostdeutsche Schriftstellerin Daniela Dahn hat nicht Laienrichterin am Verfassungsgericht des Landes Brandenburg werden dürfen. Zu viele SPD-Abgeordnete des Landtags haben sie bei der Abstimmung am vergangenen Donnerstag abgelehnt. Das war vorauszusehen. Wer will schon eine Frau zur Verfassungsrichterin machen, die im Verdacht steht, auf die Verfassung, die sie hüten soll, nicht viel zu geben? Also wurde Daniela Dahn, die von der PDS vorgeschlagen wurde, aber selbst keiner Partei angehört, nicht gewählt. Und weil der Landtag gerade dabei war, hat er auch den zweiten Kandidaten der PDS durchfallen lassen. Die Partei war empört. Dahn selbst fühlte sich in ihrer Integrität verletzt. Aber dafür interessierte sich schon fast niemand mehr. Hätte die Schriftstellerin das begehrte Amt erhalten, wäre wohl noch mehr Lärm um sie gemacht worden. So aber ging diese regionalpolitische Episode in dem Krach unter, den die Operation Wüstenfuchs verursacht hat. Dabei hat diese Nicht-Wahl durchaus kuriose Seiten. Rundum betrachtet, macht sie den Eindruck, als sei die Frage von Daniela Dahns «Verfassungstreue» lediglich die Chiffre für einen anderen, größeren Dissens ...

Daß Daniela Dahn sich in die DDR zurückwünscht, würden wohl selbst ihre Gegner ihr nicht unterstellen. Es genügt schon, daß sie angreift, was ihr als Selbstgefälligkeit des Westens erscheint: So frei, so demokratisch, so individualistisch, wie die Westdeutschen meinten, sei ihre Gesellschaft nicht, steht in Daniela Dahns Büchern zu lesen. Und zusammen mit vielen anderen Ostdeutschen fühlt sie sich von dieser Gesellschaft moralisch bevormundet. Marx habe sie auch gelesen, hat sie geschrieben, und «hört hört» oder «Quatsch» am Rand notiert: «Bin ich deshalb nun eine Marxistin? Noch nie habe ich mich so bezeichnet. Heute, da es kaum etwas Verfemteres gibt, reizt es mich, ja zu sagen. Dabei kann ich mir überhaupt nicht vorstellen, wie es möglich sein soll, daß sich ein denkender Mensch mit einem anderen denkenden Menschen identifiziert. Das gelingt einem doch nicht einmal mit sich selbst.» Auch in ihren politischen Texten ist Daniela Dahn immer zuerst Schriftstellerin. Und als solche ist sie im westdeutschen Diskurs noch etwas fremd. Sie redet drauflos – ohne Rücksicht darauf, wie ihre Worte von einer Gesellschaft aufgenommen werden, die sich in den Zeiten des Kalten Krieges daran gewöhnt hat, sich in puncto ihrer Ideale nach der Decke zu strekken, deren lichte Höhe durch die Ideologie des Antikommunismus bestimmt war. Daniela Dahns Äußerungen repräsentieren eine bestimmte Form der ostdeutschen Diktion: Sie polemisiert, trägt das Herz auf der Zunge und bemüht sich nicht, Mißverständnisse zu vermeiden. Juristen müssen das tun. Schriftsteller neigen dazu, es nicht zu tun.

Dahns Buch «Westwärts und nicht vergessen» – es enthält lauter Stellen, die sich mit etwas bösem Willen gegen die Autorin verwenden lassen – wurde von vielen, darunter auch Ulrich Wickert und der ehemalige CDU-Staatssekretär Norbert Lammert, hoch gelobt. Ein Zitat aus Lammerts Kritik ist auf der Taschenbuchausgabe abgedruckt: «Dieses Buch ist ein starkes Stück. Es gibt gewiß pflegeleichtere Beiträge zur inneren Lage der vereinten Nation, aber kaum bessere oder wichtigere.» Laienrichter sollen die Justiz durch ihren Menschenverstand bereichern. Aber weil die Verfassungsgerichtsbarkeit bei den Deutschen noch mehr Ansehen genießt als die Polizei, halten die Erwartungen an das Ausmaß dieser Bereicherung sich in sehr engen Grenzen. Das ist vermutlich auch gut so. Daß die «Langweiligkeit» das Kennzeichen gerecht funktionierender Institutionen sei, hat vor mehr als hundert Jahren der Journalist und Wirtschaftstheoretiker Walter Bagehot geschrieben. Der Verdacht liegt nahe, daß Daniela Dahn mit Herz und Zunge zur Verfassung steht, nur daß ihre Kritiker das nicht sehen mögen, weil die Schriftstellerin so provokant auftritt und nicht langweilig genug ist.

Daniela Dahn

Daniela Dahn
Vertreibung ins Paradies
(aktuell essay 22379)
Ob sie spielerisch über die
Unterschiede zwischen
Frauen in Ost und West
nachdenkt, eine Begegnung
mit dem entmachteten Erich
Mielke schildert oder in die
neue Kulturszene der
Oranienburger Straße
eintaucht, ob sie «unzeitge-
mäße Gedanken über ost-
deutsche Identität» äußert
oder erklärt, warum der
Osten nicht dankbar sein
muß – Daniela Dahn ver-
weigert unverdrossen die Anpassung an den Zeitgeist und
setzt deshalb Leuchtmarken
der Orientierung.
Dieser Band präsentiert eine
Auswahl von politischen
Texten, Reportagen und
Feuilletons der letzten Jahre,
viele davon bislang unveröf-
fentlicht.

Antonia Grunenberg
**Antifaschismus – ein deutscher
Mythos**
(aktuell essay 13179)
In unserem Jahrhundert der
Ideologien war Antifaschis-
mus eine der bewegendsten
politisch-ideologischen
Kräfte. Für viele bleibt er das
einzige Erbe der jüngeren
Geschichte, das zählt. Doch
dieses Erbe ist ein Mythos.
Die Geschichte des Antifa-
schismus ist von totalitären
Visionen, Denkblockaden,
Gewalt und beschädigten
Helden geprägt. Eine
demokratische Kultur muß
sich diesem Mythos stellen.

Václav Havel
Am Anfang war das Wort *Texte
von 1969 bis 1990*
(aktuell essay 12838)
Briefe an Olga *Betrachtungen
aus dem Gefängnis*
(aktuell essay 12732)
Angst vor der Freiheit *Essay*
(rororo aktuell essay 13018)
**Versuch, in der Wahrheit zu
leben** *Essay*
(aktuell essay 12622)
**Moral in Zeiten der
Globalisierung**
(aktuell essay 22382)

Bahman Nirumand
Leben mit den Deutschen *Briefe
an Leila*
(aktuell essay 12404)

rororo aktuell essay wird
herausgegeben von Frank
Strickstrock. Ein Gesamt-
verzeichnis aller lieferbaren
Titel der Reihe finden Sie in
der *Rowohlt Revue*.
Vierteljährlich neu. Kostenlos in Ihrer Buchhandlung.

Rowohlt im Internet:
www.rowohlt.de

Sami Alrabaa
Saudi-Arabien: Die Tyrannei der tausend Prinzen *Vom Leben in der Rechtlosigkeit*
(rororo aktuell 22236)

Martin Block (Hg.)
Tatort Manila *Entführt, verkauft, mißbraucht – Tourismus und Kinderprostitution*
(rororo aktuell 22380)

Till Müller-Heidelberg /
Ulrich Finckh /
Wolf-Dieter Narr u. a. (Hg.)
Grundrechte-Report *Zur Lage der Bürger- und Menschenrechte in Deutschland*
(rororo aktuell 22124)
Grundrechte-Report 1998
(rororo aktuell 22337)
Grundrechte-Report 1999
(rororo aktuell 22488)

Gunnar Heinsohn
Lexikon der Völkermorde
(rororo aktuell 22338)

Wei Jingsheng: Mein Leben für die Demokratie
Herausgegeben von Shan Wei-Blank, Urban Hsü, Thomas Weyrauch und der Redaktion der Zeitschrift *Geist der Freiheit*
(rororo aktuell 13941)

Gunnar Köhne (Hg.)
Die Zukunft der Menschenrechte *50 Jahre UN-Erklärung: Bilanz eines Aufbruchs*
(rororo aktuell 22238)

Klemens Ludwig (Hg.)
Osttimor - Der zwanzigjährige Krieg *Mit einem Porträt der Friedensnobelpreisträger José Ramos Horta und Bischof Belo*
(rororo aktuell 22207)

Ken Saro-Wiwa
Flammen der Hölle *Nigeria und Shell: Der schmutzige Krieg gegen die Ogoni*
(rororo aktuell 13970)
Ken Saro-Wiwa wurde im November 1995 in Nigeria erhängt. Dies ist das letzte Buch des Schriftstellers, Bürgerrechtlers und Umweltschützers, der 1994 mit dem Alternativen Nobelpreis ausgezeichnet wurde.

Rainald Simon
Der chinesische Gulag *Lager, Gefängnisse, staatliche Repression und politische Opposition*
(rororo aktuell 13799)

Die Reihe *rororo aktuell* wird herausgegeben von Frank Strickstrock. Ein Gesamtverzeichnis aller lieferbaren Titel finden Sie in der *Rowohlt Revue*. Vierteljährlich neu. Kostenlos in Ihrer Buchhandlung.

Rowohlt im Internet:
www.rowohlt.de